专著受到

福建省社科基地重大项目"新发展格局下'数字福建'建设的实施对策研究〕"（FJ2021MJDZ009）

福建省财政厅专项项目"数字经济引领福建经济高质量发展研究"（闽财指〔2023〕834）

资助

新发展格局下

"数字福建"

建设的实施对策研究

吴士炜 蔡玲洁 夏雨恬 ◎ 著

中国财经出版传媒集团

经济科学出版社
Economic Science Press

·北京·

图书在版编目（CIP）数据

新发展格局下"数字福建"建设的实施对策研究 /
吴士炜，蔡玲洁，夏雨恬著. -- 北京 ：经济科学出版社，
2025.5. -- ISBN 978 - 7 - 5218 - 6743 - 5

Ⅰ. F127.57

中国国家版本馆 CIP 数据核字第 2025DZ5523 号

责任编辑：周国强
责任校对：杨　海
责任印制：张佳裕

新发展格局下"数字福建"建设的实施对策研究

XINFAZHAN GEJU XIA "SHUZI FUJIAN" JIANSHE DE SHISHI DUICE YANJIU

吴士炜　蔡玲洁　夏雨恬　著

经济科学出版社出版、发行　新华书店经销
社址：北京市海淀区阜成路甲 28 号　邮编：100142
总编部电话：010 - 88191217　发行部电话：010 - 88191522
网址：www.esp.com.cn
电子邮箱：esp@ esp.com.cn
天猫网店：经济科学出版社旗舰店
网址：http://jjkxcbs.tmall.com
北京季蜂印刷有限公司印装
710 × 1000　16 开　13.5 印张　200000 字
2025 年 5 月第 1 版　2025 年 5 月第 1 次印刷
ISBN 978 - 7 - 5218 - 6743 - 5　定价：78.00 元
（图书出现印装问题，本社负责调换。电话：010 - 88191545）
（版权所有　侵权必究　打击盗版　举报热线：010 - 88191661
QQ：2242791300　营销中心电话：010 - 88191537
电子邮箱：dbts@ esp.com.cn）

前　言

　　近年来，伴随着人口红利逐步消失、生产性资本外逃、贸易保护主义恶化与全球动荡的国际形势，中国经济进入"转型期"阶段。在"转型期"阶段，福建省数字经济绝对规模与相对规模日益扩大，数字经济正成为引领福建经济高质量发展的重要推动力。首先，本课题基于戴维·罗默（David Romer）研发模型，利用福建省 2011～2022 年 9 个地级市面板数据，通过理论分析、实地调研与实证检验发现：数字经济有利于推动福建省经济高质量发展，但影响效应在不同城市之间存在较大差异。本课题研究发现福建省数字经济对区域经济高质量发展的贡献存在显著的差异，对福州、厦门、泉州影响效应最为显著，而对闽西地区影响效应则相对较弱。在此基础上，本课题将研究视角拓展至全国层面，从省级与地级市层面探究数字经济发展对经济高质量发展影响，为"数字福建"建设献计献策。

　　其次，本课题基于罗默研发模型，利用中国 2009～2018 年 31 个省区市面板数据（不含港澳台地区），并选取五个工具性变量测算数字经济发展指数，检验数字经济对中国经济增长的影响。理论模型表明：数字经济发展水平越高，越有利于企业获取更多信息资源以提高企业总产出。实证结果显示：数字经济发展会通过缓解要素市场相对扭曲程度与提升人力资本水平，进而促进包括福建省在内的各地区经济增长，其发展有利于各地区提高城乡居民收入。进一步研究发现：政府出台数字经济相关政策有助于促进数字经济发展。

另外，本课题通过双向固定效应研究数字经济对包括福建省在内的各地区经济高质量发展的影响机制，数据选取范围为 2011～2021 年 274 个地级市。实证研究显示，各地区经济高质量发展可以通过数字经济来拉动。在数字经济与经济高质量发展过程中，产业结构高级化、合理化起着重要的中介作用。课题组选取数字经济变量滞后一期作为工具变量进行内生性检验，利用不同时间段做回归分析检验稳健性，结果均显示稳健。在此基础上，本课题还发现：中国东中西部的数字经济对区域经济高质量发展的贡献有明显的不同，东部区域的效应最为显著，而西部的效应则相对较弱；且中国中心城市数字经济的影响作用相比于外围城市更显著。绿色发展是经济高质量发展的重要组成部分，本课题拟进一步从省级与地级市层面视角探讨数字经济对绿色发展的影响，为福建省绿色发展献计献策。

再次，本课题基于罗默研发模型，将数据纳入企业生产与研发函数中，利用中国 2009～2018 年 31 个省区市面板数据，通过中介效应模型实证检验数字经济对中国能源利用效率的影响。理论模型表明：数字经济发展水平越高，越有利于企业运用更多数字信息资源以提高能源利用效率。实证结果显示：数字经济发展会通过技术进步效应、产业升级效应与科技创新效应提高包括福建省在内的各地区能源利用效率，且能源利用效率提升有助于改善环境质量。

最后，本课题基于 2011～2018 年 288 个地级市面板数据及北京大学数字普惠金融指数，实证分析了数字金融对中国绿色发展的影响机制及效应。研究发现：数字金融有助于实现包括福建省在内的各地区绿色发展，技术创新效应、创新溢出效应与产业升级效应是重要的作用机制。数字金融发展指数、覆盖广度、使用深度与数字化程度对绿色发展影响存在单一或双重门限效应。此外，研究还进一步利用空间计量模型实证检验了数字金融对绿色发展影响的空间效应。

上述研究均是从宏观层面探讨数字经济对经济高质量发展与绿色发展的影响，为进一步明晰数字经济对微观企业的影响机制及效应，本课题以

2015～2021 年中国 A 股制造业上市公司的相关数据为样本，用国泰安数据库（CSMAR）最新发布的上市公司数字化指标来衡量上市公司的数字化程度，用托宾 Q 值来衡量企业的绩效水平。通过实证研究，得出以下结论：总体而言，企业数字化对制造业企业绩效有提升作用。从传导路径来看，数字化能够通过提高内部控制质量、优化企业人力资本结构和降低成本率三条路径对制造业企业绩效起到促进作用。对不同所有制企业、是否为高新技术企业以及处于不同生命周期的企业而言，企业数字化对企业绩效的影响具有异质性，一系列稳健性检验发现以上结论稳健可靠。

基于此，为有效推动"数字福建"建设，促进福建省经济高质量发展，本研究提出以下政策建议。第一，加强"数字福建"建设顶层设计，从数据、人才、新基建与政府视角入手，全方位推动福建省数字经济发展。第二，福建省政府应有针对性地出台促进数字经济发展相关政策，并加强对平台型企业监管以保障数据信息安全。第三，福建省政府应加快 ICT 基础设施建设，即企业加强与科研机构交流合作，居民要充分利用数字信息技术以提高能源利用效率。第四，为有效利用数字金融实现福建省绿色发展，福建省政府应推广数字金融应用，例如，推广绿色金融信贷，鼓励企业与科研机构合作研发清洁能源。第五，福建省应以数字经济推动福建省经济高质量发展，缩小省内不同地区间经济发展差距，并加强区域间协调发展。第六，福建省应出台相关政策措施以推动企业数字化转型，提高企业竞争力以加快福建省数字经济发展。第七，福建省各地级市应发挥比较优势，因地制宜发展特色数字产业。

目　　录

第一章

数字经济引领福建经济高质量发展研究

福建省位于中国东南沿海地区，毗邻浙江、广东、江西与台湾，行政面积为12.4万平方千米，下辖9个地级市与1个综合实验区，2023年福建省人口总量与GDP总量分别为4183万人与5.44万亿元，人均GDP为12.99万元。① 数字经济是以数字化的信息及知识为载体，以信息资源作为技术创新驱动力，将数字化信息及知识运用于企业生产、居民生活与政府治理等方面，有利于提高企业生产效率、促进居民生活便利性与提升政府办事效率，促进经济高质量发展。党的二十大报告提出"加快构建新发展格局，着力推动高质量发展"，但伴随着人口红利逐步消失、生产性资本外逃、贸易保护主义恶化与国际形势动荡，中国经济进入"转型期"阶段。与此同时，福建省经济正面临需求收缩、供给冲击与预期转弱"三重压力"，且受新冠疫情影响，致使经济增长增速放缓。在"转型期"阶段，福建省数字经济绝对规模与相对规模日益扩大，数字化信息成为继土地、劳动、资本与技术之后的第五大生产要素。福建省数字经济绝对规模与相对规模呈日益扩大趋势，2017年福建省数字经济规模达到1.16万亿元，占GDP的36.04%，2023年数字经济规模突破2.9万亿元，占GDP比重超过53%（如图1-1所示）。如何科学合理有效利用数字经济来实现福建省

---

① 数据来源：《福建统计年鉴（2024）》。

经济由粗放型高速增长转向集约型高质量发展，这是贯彻经济发展新常态理念，实现经济与社会可持续发展的一个必须着力研究的现实课题。

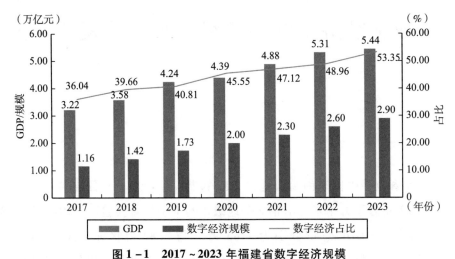

图 1 – 1　2017～2023 年福建省数字经济规模

资料来源：《数字福建发展报告（2022 年）》、历年《福建统计年鉴》与历年福建省政府工作报告。

第一节　理论基础与文献综述

一、理论基础

数字经济作为一种新的经济范式，是以数字化信息技术为载体，以数据资源作为技术创新驱动力，成为继土地、资本、劳动、资源之后的第五大生产要素。本课题在数字经济与发展经济学理论基础上，基于创新理论、新经济增长理论、信息不对称理论、委托代理理论、网络外部性理论、产权理论、契约理论、范围经济理论、规模经济理论、长尾效应理论等相关理论（如表 1 – 1 所示），剖析数字经济对中国经济高质量发展的理论机制，即从经济学、管理学与社会学等学科阐释数字经济如何影响经济高质量发展，并形成一套系统的理论框架。

表 1-1　　　　　　　　　　数字经济相关理论

理论	主要内容	关联性
约瑟夫·熊彼特的创新理论	创新就是建立一种新的生产函数，也就是说，把一种从来没有过的关于生产要素和生产条件的"新组合"引入生产体系	数字信息技术诱发的企业生产效率与全要素生产率提升
保罗·罗默的新经济增长理论	技术进步内生增长模型：将知识、人力资本等内生技术变化因素引入经济增长模式中，提出要素收益递增假定，其结果是资本收益率可以不变或增长，人均产出可以无限增长，并且增长在长期内可以单独递增	将数字化信息纳入企业生产函数，成为继土地、资本、劳动、资源之后的第五大生产要素
乔治·阿克罗夫、迈克尔·斯彭斯、约瑟夫·斯蒂格利茨的信息不对称理论	市场中卖方比买方更了解有关商品的各种信息；掌握更多信息的一方可以通过向信息贫乏的一方传递可靠信息而在市场中获益；买卖双方中拥有信息较少的一方会努力从另一方获取信息；市场信号显示在一定程度上可以弥补信息不对称的问题	信息通信技术发展有助于更好匹配供需双方、降低市场交易成本、减少资源错配
伯利、米恩斯的委托代理理论	一个或多个行为主体根据一种明示或隐含的契约，指定、雇佣另一些行为主体为其服务，同时授予后者一定的决策权利，并根据后者提供的服务数量和质量对其支付相应的报酬	大数据运用有助于提高企业管理效率，减少委托人与代理人之间的信息差异
罗尔夫斯的网络外部性理论	连接到一个网络的价值取决于已经连接到该网络的其他人的数量，即用户人数越多，每个用户得到的效用就越高，网络中每个人的价值与网络中其他人的数量成正比	数字化信息技术普及推广，个人从网络中获取的效用水平会随之增加
科斯的产权理论	市场无疑是一种配置资源的有效方式，但要使它有效地运转起来，交易者还必须对所要交换的东西有一种明确的、排他性的、可以自由转让的所有权	利用产权理论进一步明确数据确权、交易、监督，以保障数据安全性

续表

理论	主要内容	关联性
奥利弗·哈特、本特·霍尔姆斯特伦的契约理论	在特定交易环境下,不同合同人之间的经济行为与结果,往往需要通过假定条件在一定程度上简化交易属性,建立模型来分析并得出理论观点	大数据有助于降低因信息不对称导致的道德风险与逆向选择问题
潘扎尔、威利格的范围经济理论	当同时生产两种产品的费用低于分别生产每种产品所需成本的总和时,所存在的状况就被称为范围经济,只要把两种或更多的产品合并在一起生产比分开来生产的成本要低,就会存在范围经济	数字经济可以依靠在某一种主营业务上积累起来的用户,低成本地开展多样化的业务,获得更多的利润来源
马歇尔的规模经济理论	在一定的产量范围内,随着产量的增加,平均成本不断降低的事实	在网络外部性的作用下,企业用户规模达到临界容量后,就会触发正反馈,为企业带来更多收益
克里斯·安德森的长尾效应理论	那些原来不受到重视的销量小但种类多的产品或服务由于总量巨大,累积起来的总收益超过主流产品的现象	数字化信息技术发展能够使企业生产销售小众产品,满足消费者多样化需求

资料来源:笔者整理。

　　本课题在数字经济与发展经济学相关理论基础上,基于需求、供给与预期视角全方位考察数字经济对福建省经济高质量发展影响机制;同时,将供给、需求与预期之间的联动性纳入分析范畴。从需求视角来看,数字经济发展能够更好地匹配供需双方,满足客户多样化需求,扩大国内和国外需求。一方面,数字化信息技术普及推广能够满足个人网上购物、娱乐与培训等需求,如淘宝、拼多多、朴朴超市、小红书、腾讯会议等;同时,以支付宝、微信支付、云闪付、数字人民币为代表的移动支付能够更便利居民日常生活。另一方面,以5G为代表的新基建有助于拉动国内投资需求,并推动数字信息技术发展;同时,数字技术发展所推动的国际购物平台有利于增加进出口,如亚马逊、天猫、易贝(ebay)等。

　　从供给视角来看,数字化信息技术发展有助于减少资源错配,提高企业生产效率,增加市场有效供给。首先,在数字化信息技术发展与网络外部性共同作用下，企业能够实现规模经济与范围经济，使企业获得更多的利润，同时搜寻匹配成本下降能够使企业生产销售小众产品，满足消费者多样化需求。其次，数字化信息技术运用于企业生产过程中，有助于提高企业产品竞争力，促进产业结构优化升级，并增强产业链韧性与安全，如人工智能。最后，数字化信息作为一种新的生产要素，将其纳入生产函数有助于提高企业生产效率，并提升全要素生产率。

从预期视角来看，数字经济发展能够更好地满足市场需求与供给，增强市场信心。一方面，数字经济发展能够提供更多就业岗位，提高创业活跃度，改善居民收入水平，扩大国内需求，同时将大数据与政府治理相结合，有助于提高政府治理效率，如网上报税平台、在线咨询办理等；另一方面，数字化信息运用于企业生产与交易，有利于降低企业生产成本，提高企业竞争力，同时以数字普惠金融为代表的新型金融工具有助于缓解企业融资难问题，提升企业对市场的信心。

二、文献综述

（一）数字经济基本概念及效应研究

国内外不同学者对数字经济定义各异，大部分学者认为数字经济是以数字化的知识及信息为载体，以数据资源作为技术创新驱动力，其中张鹏（2019）认为数字经济是基于信息技术进步以优化资源配置效率的宏观现象，是推动我国经济增长的重要动力。何大安和许一帆（2020）指出，数字经济是信息化资源运用于经济活动的产物，会重塑产业供给与有效需求。数字经济作为全球经济的重要组成部分，通过将数字化信息及知识运用于企业生产，有利于提高企业生产效率，促进我国经济高质量发展，其中荆文君和孙宝文（2019）认为数字经济从微观上会通过规模经济、范围经济与长尾效应更好地匹配供需，宏观上以新的投入要素、资源配置效率和全要素生产率促进经济增长。米奥维拉等（Myovella et al.，2020）基于 2006～2016 年 74 个国家面板数据实证检验发现，数字化有助于促进各国经济增长，对撒哈拉以南非洲（SSA）国家影响效应相对经合组织（OECD）国家更高。数字经济发展会促进非正规劳动者就业与创业，其中王文（2020）认为，工业智能化水平的提高有助于促进就业结构升级，会降低新旧岗位更替过程中出现的福利损失。何宗樾和宋旭光（2020）指出，数字经济发展对非正规劳动者就业及创业者具有积极影响，有利于稳定当前就业形势。此外，数字经济发展也会引起政府治理体系变革，将大数据运用于政府治理有利于提高政府治理效率，其中赵云辉等（2019）基于实证检验发现大数据有助于提高政府治理效率，并抑制腐败行为。

（二）数字经济发展过程中面临的各类问题及解决思路

国内外学者通过研究发现，数字经济发展过程中容易出现逃漏税、监管缺失、金融风险与数据信息安全等问题，其中沈娅莉等（2015）指出，因税制征管、监督与制度不完善，数字经济发展容易出现跨国企业逃避税现象。伯塔尼等（Bertani et al.，2020）认为，数字经济行业较高的生产率会导致失业率上升现象，且该效应不会被新增就业机会所抵消。熊鸿儒（2019）认为，应完善反垄断规制体系，加强对平台寡头垄断型企业监管。王伟玲和王晶（2019）认为，在加强信息技术开发与利用的同时，应加强数据开放与产权保护，提高全民信息安全意识。陈兵和顾丹丹（2020）认为，要实现数据共享应加强数据确权与保护，并在差别且平等原则基础上，建立动态兼容性权益机制。陈勇民（Chen，2020）指出，在数字经济发展过程中应设计良好的竞争、监管与隐私保护政策以提高数字经济市场效率。

（三）"数字福建"建设面临的各类问题及解决思路

国内外学者对"数字福建"展开研究发现，福建省数字经济规模较小、人才不足、龙头企业偏少、数据交易有待完善，其中刘立菁和谢毅梅

（2020）与郑元景和程泽生（2021）提出，要加强顶层设计、加快新型基础设施建设、完善人才保障与数据安全体制、拓宽数字应用及数据共享以促进"数字福建"建设。王岑（2018）强调，创新是"数字福建"建设的原动力。余鲲鹏等（2017，2020）与戴圣良（2020）提出，要完善福建省信息化制度建设，将大数据运用于政府治理方面，建设数字型政府。于娟等（2018）利用SWOT模型分析福建省大数据产业发展，指出应从加强人才培育、加快新基建建设、完善数据确权、交易、共享与安全制度等方面促进福建省数字经济发展。张兴祥等（2024）指出，关于"数字福建"的重要论述与实践探索，离不开对世界科技发展趋势的深刻洞察，离不开对福建省情的透彻把握，离不开对信息化的精准研判，这些条件为"数字中国"建设奠定了坚实的基础。

综上所述，现有数字经济相关研究主要集中在理论概念、影响效应及对策建议上，但数字经济作为福建省经济重要组成部分，从理论与实证视角考察"数字福建"建设过程中面临的问题及对策建议文献略显不足。本课题基于福建省2011~2022年9个地级市面板数据，通过理论分析、实地调研与实证分析考察数字经济对福建省经济高质量发展影响机制及效应。不同于以往研究，本课题可能存在的创新点在于全方位考察福建省数字经济发展现状及存在的问题，并利用实证模型检验数字经济对福建省经济高质量发展影响机制与效应，并就得到的结论有针对性地提出相应的政策建议。

第二节　理　论　模　型

本课题在戴维·罗默（David Romer）新经济增长理论中的研究与开发模型基础上，结合福建省经济发展实际情况，建立相应的理论模型考察数字经济发展对福建省经济高质量发展影响的直接效应与间接效应。

一、基本假设

人类经济社会发展几千年，经历了传统的农耕经济到近代工业经济，直至现代信息经济的变革，社会生产力水平不断提高，生产要素也由劳动与土地为主转化为生产技术、信息资源、资本、劳动与土地。传统农业经济是以劳动（L）和土地（T）为农业生产要素，生产效率相对较低，且容易受到环境气候等因素影响。假设农业生产部门生产函数为柯布 – 道格拉斯（C-D）生产函数形式，并假定规模报酬递减，则其投入产出关系为

$$Y(t) = f[L(t)T(t)] = L(t)^{\alpha}T(t)^{\beta}, \quad (0 < \alpha; \ \beta < 1; \ 0 < \alpha + \beta < 1)$$

$$(1-1)$$

劳动与土地是农业生产的关键要素，要提高农业总产出以投入更多劳动力与开垦更多土地为主，但受规模报酬递减因素影响，农业总产出不易出现大幅提升。

随着社会生产力水平的不断提高，以蒸汽机出现为标志的第一次工业革命，使得全球各国正式步入工业经济时代，工业逐步成为经济增长的主要部分；并且以电力得到广泛应用为主要标志的第二次工业革命，使企业生产率水平得到大幅提升。假设生产部门生产函数为柯布 – 道格拉斯生产函数形式，则其投入产出关系为

$$Y(t) = A(t)f[K(t)L(t)T(t)] = A(t)K(t)^{\alpha}L(t)^{\beta}T(t)^{\gamma}, \quad (0 < \alpha, \ \beta, \ \gamma < 1)$$

$$(1-2)$$

其中，A 是生产技术，资本（K）、劳动（L）与土地（T）是企业生产要素。若 $\alpha + \beta + \gamma > 1$，规模报酬递增；若 $\alpha + \beta + \gamma = 1$，规模报酬不变；若 $\alpha + \beta + \gamma < 1$，规模报酬递减。

第三次工业革命标志着计算机与信息技术正成为影响企业生产的重要因素，数字化信息与知识（D）作为企业生产要素，同时也是企业技术创新驱动力，有利于提高企业生产效率与产出水平。假设生产部门生产函数

为柯布－道格拉斯（C-D）生产函数形式，则其投入产出关系为

$$Y(t) = A(t)f[D(t)K(t)L(t)T(t)]$$

$$= A(t)D(t)^{\alpha}K(t)^{\beta}L(t)^{\gamma}T(t)^{\eta},$$

$$(0 < \alpha, \beta, \gamma, \eta < 1) \tag{1-3}$$

其中，信息资源（D）、资本（K）、劳动（L）和土地（T）是企业生产要素，若 $\alpha + \beta + \gamma + \eta > 1$，规模报酬递增；若 $\alpha + \beta + \gamma + \eta = 1$，规模报酬不变；若 $\alpha + \beta + \gamma + \eta < 1$，规模报酬递减。

本课题将整个经济体分为两个部门，一个是生产部门，用 m 表示；另一个是研发部门，用 n 表示，且研发部门技术用于生产部门生产。企业生产要素包括信息资源、资本、劳动与土地，信息资源中的 ∂_D 份额用于生产部门，而 $1 - \partial_D$ 份额用于研发部门；劳动中的 ∂_L 份额用于生产部门，而 $1 - \partial_L$ 份额用于研发部门；资本中的 ∂_K 份额用于生产部门，而 $1 - \partial_K$ 份额用于研发部门，∂_D、∂_L 和 ∂_K 是外生的，且 $0 \leqslant \partial_D, \partial_L, \partial_K \leqslant 1$。

假设生产部门生产函数为柯布－道格拉斯（C-D）生产函数形式，则其投入产出关系为

$$Y(t) = A(t)[\partial_D D(t)]^{\alpha}[\partial_K K(t)]^{\beta}[\partial_L L(t)]^{\gamma}T(t)^{\eta},$$

$$(0 \leqslant \partial_D, \partial_K, \partial_L \leqslant 1; 0 < \alpha, \beta, \gamma, \eta < 1) \tag{1-4}$$

假设研发部门投入－产出函数为

$$A(t) = B[(1 - \partial_D)D(t)]^{\alpha_1}[(1 - \partial_K)K(t)]^{\beta_1}[(1 - \partial_L)L(t)]^{\gamma_1},$$

$$(B > 0; 0 \leqslant \partial_D, \partial_K, \partial_L \leqslant 1; \alpha_1, \beta_1, \gamma_1 > 0) \tag{1-5}$$

假设信息资源、资本与劳动满足以下条件：$\dot{D}(t) = bD(t)$、$\dot{K}(t) = sK(t)$、$\dot{L}(t) = nL(t)$，其中，b，s，$n > 0$。长期内用于企业生产的土地数量保持不变，即 $\dot{T}(t) = 0$。

长期均衡增长率可简化为

$$g_{Y(t)} = [\partial_D \alpha + (1 - \partial_D)\alpha_1]b + [\partial_K \beta + (1 - \partial_K)\beta_1]s + [\partial_L \gamma + (1 - \partial_L)\gamma_1]n$$

$$\tag{1-6}$$

二、无研发条件下企业最优策略

当企业不进行自主研发时，即 $\partial_D = \partial_L = \partial_K = 1$，此时，企业生产函数为

$$Y(t) = D(t)^\alpha K(t)^\beta L(t)^\gamma T(t)^\eta, \quad (0 < \alpha, \beta, \gamma, \eta < 1) \quad (1-7)$$

长期均衡增长率可简化为

$$g_{Y(t)} = \alpha b + \beta s + \gamma n \quad (1-8)$$

当 $D(t)$ 越大时，$Y(t)$ 越高，即企业要提高产出水平，最优策略是获取与运用更多的数字化信息与知识，反之亦然。

假设 1-1：企业不进行自主研发时，数字经济发展水平越高，越有利于企业获取更多的数字化信息与知识，进而提高企业产出水平。

三、研发条件下企业最优策略

当企业进行自主研发时，假定研发部门投入要素仅为信息资源，即 $\partial_D \neq 1$、$\partial_L = \partial_K = 1$，此时，生产部门生产函数为

$$Y(t) = A(t) \left[\partial_D D(t) \right]^\alpha K(t)^\beta L(t)^\gamma T(t)^\eta, \quad (0 < \alpha, \beta, \gamma, \eta < 1)$$

$$(1-9)$$

研发部门投入 - 产出函数为

$$A(t) = B \left[(1 - \partial_D) D(t) \right]^{\alpha_1}, \quad (B > 0, 0 < \partial_D < 1, \alpha_1 > 0) \quad (1-10)$$

长期均衡增长率可简化为

$$g_{Y(t)} = (\alpha + \alpha_1) b + \beta s + \gamma n \quad (1-11)$$

当 $D(t)$ 越大时，$Y(t)$ 越高，即数字化信息资源越多，可直接提高生产部门产出水平。

假设 1-2：企业进行自主研发时，数字经济发展水平越高，越有利于企业获取更多的数字化信息与知识，会直接或间接提高企业产出水平。

四、其他条件下企业最优策略

当企业进行自主研发时，假定研发部门投入要素仅为信息资源，即 $\partial_D \neq 1$，$\partial_L = \partial_K = 1$，此时，企业生产函数为：

$$Y(t) = B\big[(1 - \partial_D)D(t)\big]^{\alpha_1}\big[\partial_D D(t)\big]^{\alpha}K(t)^{\beta}L(t)^{\gamma}T(t)^{\eta},$$

$$(B > 0; \ 0 < 1 - \partial_D < 1, \ \alpha_1 > 0; \ 0 < \alpha, \beta, \gamma, \eta < 1) \qquad (1-12)$$

假设资本、劳动与土地固定不变时，对式（1-12）两边取对数求导可知，在最优条件下，信息资源在生产与研发部门投入要满足以下条件：

$$\frac{\ln(1 - \partial_D)}{\ln \partial_D} = \frac{\alpha}{\alpha_1} \qquad (1-13)$$

此时，企业产出最大化。

第三节 福建省数字经济与经济 高质量发展现状分析

一、福建省数字经济水平测算与现状分析

（一）数字经济指标体系构建

中国电子信息产业发展研究院发布的《2019 年中国数字经济发展指数》报告指出，数字经济是以数字化信息及知识作为企业生产要素、以现代信息网络为主要载体、以信息通信技术融合应用作为推动我国经济高质量发展的重要推动力，实现了公平与效率更加统一的新经济形态，其中基础设施建设、数字产业发展、行业融合应用与政府营商环境是数字经济发

展指数的组成部分。本课题基于福建省 2011～2022 年 9 个地级市面板数据，结合福建省实际情况，并根据数据可得性及可量化原则，将数字经济发展指数划分为数字基础设施、信息产业发展与数字普惠金融三个方面，各指标选取及符号如表 1 - 2 所示。

表 1 - 2   数字经济指标选取

一级指标	二级指标	指标定义	指标属性
数字经济	数字基础设施	每万人互联网用户数（户）	+
		每万人移动电话用户数（户）	+
	信息产业发展	人均邮政业务（元）	+
		人均电信业务总量（元）	+
	数字普惠金融	中国数字普惠金融指数	+

资料来源：历年《中国城市统计年鉴》《福建统计年鉴》与北京大学数字普惠金融指数。

    数字基础设施的发展对于推动经济增长、提高生活质量和技术创新至关重要，它为各个领域提供了数字化工具，促进了信息共享、自动化和智能化。互联网作为数字基础设施的重要组成部分，在数字经济的发展过程中起着举足轻重的作用，且具有代表性。利用互联网这一数字基础设施，数字经济可以实现数字化交易、沟通和协作，进而促进经济社会的进步与发展。互联网和移动电话作为信息传播的主要渠道，其用户数量的多少直接体现了数字基础设施的覆盖范围和普及程度。因此本课题将每万人互联网用户数和移动电话用户数作为衡量数字基础设施的指标。

    信息化建设为数字经济的发展打下了坚实的基础，信息产业的发展是推动数字经济增长的关键动力。数字经济的本质是信息化，信息产业反映着信息化发展的趋势。信息产业的发展水平直接关系到数字经济的规模和质量，因此将其纳入数字经济指标体系，有助于全面评估数字经济的整体发展状况。邮政业和电信业是信息产业的基础部分，它体现了数字经济的规模以及信息传输的发展现状。通过衡量这两个行业的发展状况，可以更加准确地把握信息产业的发展趋势和未来发展方向。因此本课题以人均邮政业务和人均电信业务总量衡量信息产业发展。

数字普惠金融作为数字经济的重要构成部分，是提升数字经济效能的关键手段。数字金融有利于降低金融交易和服务的门槛，通过简化流程、提高效率和降低成本，满足用户个性化、多样化和高效化的金融需求，促进经济发展和社会进步。数字金融还可以利用大数据和人工智能等技术，对金融风险进行精准预测和管理，为监管部门提供有效的风险防控手段。数字金融的发展不仅能够促进传统金融行业的转型升级，还能够为新兴产业的发展提供更有力的金融支持。北京大学数字普惠金融指数的构建，充分考虑到数字金融的多维度概念，具有较高的权威性和客观性，能够全面反映数字金融化的发展水平。因此本课题将北京大学数字普惠金融指数作为数字金融化的指标。

（二）指标测算方法

本课题根据熵值法测算 2011～2022 年福建省 9 个地级市数字经济水平综合指标，具体测算方法如下：

第一步，数据标准化。在构建的数字经济指标体系中，为保证数据分析的准确性和可靠性，首要步骤是对这些数据进行无量纲化处理，以消除量纲和数量级差异所带来的影响，选用极差法对数据进行标准化。

$$正向指标：x'_{tij} = \frac{x_{tij} - \min(x_{tij})}{\max(x_{tij}) - \min(x_{tij})} \qquad (1-14)$$

$$负向指标：x'_{tij} = \frac{\max(x_{tij}) - x_{tij}}{\max(x_{tij}) - \min(x_{tij})} \qquad (1-15)$$

其中，t 表示时间，i 表示城市，j 表示指标，x_{tij} 表示第 t 年第 i 个城市第 j 项的指标值，x'_{tij} 表示标准化值。

第二步，确定 x_{tij} 的权重 p_{ij}（m 表示年份数，n 表示总地级市个数）。

$$p_{tij} = \frac{x'_{tij}}{\sum_{t=1}^{m} \sum_{i=1}^{n} x'_{tij}} \qquad (1-16)$$

第三步，计算第 j 个指标包含的信息熵 e_j（t 表示年份数，n 表示城市数，m 表示选取的总指标数）。

$$e_j = -k \sum_{i=1}^{n} p_{ij} \ln p_{ij} \qquad (1-17)$$

其中，$k = 1/\ln m$。

第四步，计算差异系数 g_j。

$$g_j = 1 - e_j \qquad (1-18)$$

第五步，给指标赋权，定义权重 w_j。

$$w_j = \frac{g_j}{\sum_{j=1}^{n} g_j} \qquad (1-19)$$

通过权重计算样本评价值，代入原始数据计算福建省各地级市数字经济发展水平的分年份综合得分为

$$F_{ti} = \sum w_j x'_{tij} \qquad (1-20)$$

（三）福建省数字经济发展现状

近年来福建省数字经济的发展程度与效率不断提高，已成为拉动福建省经济发展的强大动力，促进了产业结构升级、企业数字化转型，为福建省的经济增长、绿色发展与技术创新作出重要贡献。福建省数字经济逐渐实现更高水平发展，向做强做优做大的方向不断迈进，具体表现在：一是整体实现量的合理增长。福建省数字经济规模首次突破 2.9 万亿元。2017~2023 年，福建省数字经济规模实现了显著增长，由 1.16 万亿元攀升至 2.91 万亿元，年均复合增长率为 25.0%，占地区生产总值（GDP）的比重从 36.04% 提升至 53.35%，展现了其强劲的发展势头和巨大潜力。二是在国民经济中的地位更加稳固。2023 年数字经济占 GDP 比重超过五成，占比达到 53.35%，这一比重超过福建省第三产业占国民经济的比重（2023 年，福建省第三产业占 GDP 比重为 50%），数字经济作为国民经济的重要支柱地位更加凸显。三是数字经济持续保持高位增长。2023 年，福建省数字经

济同比名义增长率达到 11.54% ，相较 GDP 名义增速高出 7.04 个百分点，自 2017 年起，福建省数字经济增速已连续 6 年高于 GDP 增速，数字经济在维持经济稳定和推动经济加速增长方面发挥着重要作用。①

通过测算得到福建省 2011～2022 年 9 个地级市数字经济发展指数（如表 1－3 所示）。整体来看，福建省 9 个地级市数字经济发展水平呈上升趋势，尤其是 2017 年之后增速相对较快，与福建省出台各类政策措施以推动数字经济发展密切相关。从区域差异性来看，厦门市数字经济发展远超省内其他省份，与其经济发展、区位优势、政策倾斜等密不可分，其次是福州与泉州，而三明、南平与龙岩数字经济发展水平相对较缓慢。结合课题组成员基于数据分析与实地调研考察福建省数字经济发展总体现状与各地级市数字经济及相关产业发展情况发现：第一，从福建省数字经济发展总体现状来看，"数字福建"建设提出时间较早，福建省政府对数字经济重视度较高，数字政府服务指数位居全国前列，近几年数字经济增速较快，但同时应认识到福建省数字经济规模相对较低，数字型人才培养、引进与留住不足，新型基础设施建设有待完善，数字型龙头企业偏少，数据确权、交易、共享与安全缺乏保障。第二，从各地级市数字经济及相关产业发展情况来看，福州打造数字经济发展示范区、莆田打造新平台经济特色高地、宁德构建"互联网"和重点企业双向驱动数字经济崛起、南平打造南北两翼数字经济发展核心区、平潭综合实验区打造数字经济机制创新试验田、厦门着力推进数字产业高端化、泉州推进制造业数控化智能化、漳州打造数字经济平台体系、龙岩推动数字产业和城市数字化协同融合发展、三明通过新一代信息技术创新驱动传统优势产业发展，各地级市数字经济发展各有侧重。第三，从数字经济发展前景来看，数字经济作为"十四五"发展重点规划，未来数字经济将蓬勃发展，"数字中国建设峰会"落户福建，顶层设计者也重视"数字福建"建设，"数字福建"建设将大有所为，但也应认识到北京、上海、

---

① 《数字福建发展报告（2022 年）》、历年《福建统计年鉴》与历年福建省政府工作报告。

广东、江苏与浙江等地区数字经济规模、配套措施、数据交易、法律法规等相对完善,"数字福建"建设要寻求一条符合自身优势的道路。

表1-3　　　　福建省2011~2022年数字经济发展指数测算结果　　单位:%

年份	福州市	三明市	南平市	宁德市	莆田市	泉州市	漳州市	龙岩市	厦门市
2011	46.0272	6.3085	5.3488	10.3326	17.9174	32.8263	12.2357	10.5744	94.6027
2012	48.5629	8.2629	6.8491	12.3663	18.9921	34.5531	14.7813	12.0986	94.8563
2013	49.5721	9.9035	8.9496	14.3783	19.7339	34.9443	15.8322	12.3030	94.9572
2014	50.0550	10.7366	9.4946	15.5785	20.8350	36.0171	17.9615	13.0584	95.0055
2015	51.2515	11.1394	10.0267	16.0438	21.8666	37.2826	18.6966	14.9713	94.3000
2016	52.4594	12.0392	11.4370	18.6089	22.6300	39.1777	19.7729	14.9171	95.2459
2017	53.1428	12.1236	12.2477	19.7285	23.0285	40.5937	20.6874	15.1038	95.3143
2018	54.2252	13.0975	13.0780	20.1394	23.5067	41.5570	23.2297	15.9319	95.4225
2019	56.2957	14.7412	14.0297	23.9903	24.0582	42.1591	25.6274	16.9474	95.6296
2020	56.4042	14.8219	14.9245	25.7665	25.6077	43.8651	27.9147	17.5852	95.6404
2021	57.2444	15.4605	15.4274	28.1258	26.5391	45.2397	32.7292	18.8058	95.7244
2022	58.7041	16.6014	16.3610	31.9272	28.7701	47.6085	36.2539	19.0753	95.8704

资料来源:《数字福建发展报告(2022年)》、历年《福建统计年鉴》与历年福建省政府工作报告。

二、福建省经济高质量发展测算与现状分析

(一)数字经济指标体系构建

经济高质量发展水平的测算方法一般有两种:一种是直接选择单一指标进行衡量,可能导致测算结果出现偏差;另一种是基于多维度的视角,通过构建涵盖经济、社会、环境等多层面的指标体系,对经济高质量发展水平进行综合性的评估,相比之下更为全面。选用多元指标能够更准确地反映经济发展的实际情况,为政策制定提供更为科学的依据,因此本课题考虑构建多维度指标体系测度经济高质量发展。鉴于地级市层面数据可获取性、学者们的不同指标构建及相关理论基础,最终选择由经济增长、财政收入、生态

环境、技术创新、公共服务与居民存款六个维度，7 个子指标构成多维评价体系（如表 1-4 所示），采用熵值法对福建省 9 个地级市的经济高质量发展水平进行测算，各指标选取及符号如表 1-4 所示，指标选取依据如下：

表 1-4   经济高质量指标选取

一级指标	二级指标	三级指标	指标定义
经济高质量发展	经济增长	人均 GDP（万元）	+
	财政收入	人均地方政府一般公共预算收入（万元）	+
	生态环境	人均 SO_2 排放量	−
	技术创新	每万人拥有专利授权数（件）	+
	公共服务	每万人拥有病床数（张）	+
		人均拥有城市道路面积（平方米）	+
	居民存款	年末金融机构人均存款额（万元）	+

资料来源：《数字福建发展报告（2022 年）》、历年《福建统计年鉴》与历年福建省政府工作报告。

　　第一，经济增长是经济高质量发展的重要组成部分，推动经济增长不仅能够优化资源配置，促进产业升级，还能有效增强经济的抗风险能力，为经济的长期稳定增长提供坚实保障，因此，实现经济增长是推动经济高质量发展的关键一环，也是实现经济可持续发展的重要保障。第二，财政收入是政府参与国民收入分配、保障政府履行职能的资金来源，财政收入的高低也是一个社会经济运行效率的重要体现。第三，生态环境的质量可以直接反映经济发展的可持续性，高品质的生态环境既是推动经济高质量发展的关键因素，也是衡量经济发展成果的重要标尺。第四，一个城市的创新水平对于其经济发展具有至关重要的意义，没有创新就没有进步。各类创新水平中，技术创新对于经济的影响最直接，作为创新水平的指标极具代表性。目前，中国的经济正处于转向高质量发展阶段，需要通过创新来重塑内在的增长动力，把创新驱动作为一种新的经济发展助推模式，充分发挥科技创新对于经济的促进作用，促进科技成果向生产成果转化，促进产学研结合发展。第五，经济发展的根本目的是使人民生活水平得到改善，实现共同富裕，因此，必须将政府提供的公共服务水平作为经济高质量发展的重要评判指标，即衡量发展成果的共享、人民福祉是否得到改善等。第六，经济高质量发展的目的是提高人民生活水平，而居民存款高低是居民个人消费水平的重要保障，因此，应将其纳入作为衡量经济高质量发展的重要指标。

（二）福建省数字经济高质量发展现状

当前福建省数字经济已经从高速增长期进入到高质量发展时期，其中高质量发展包含了量变和质变两个方面。进入 21 世纪，福建省数字经济在量变的同时也在发生质变，朝着形态更高级、分工更优化、结构更合理的方向加速演进，这是一种更加高质量、高效率、高安全性且公平、可持续的发展方式。

通过测算得到福建省 2011～2022 年 9 个地级市数字经济高质量发展水平（如表 1－5 所示）。整体来看，福建省 9 个地级市数字经济高质量发展水平呈上升趋势，与福建省近几年出台的各类政策措施以推动数字经济高质量发展密切相关。从区域差异性来看，厦门市数字经济高质量发展水平远超省内其他省份，与其产业结构、区位优势、政策倾斜等密不可分，其次是福州与泉州，而南平市数字经济高质量发展水平相对较缓慢，与其经济增长放缓密切相关。

表 1－5　　　　福建省 2011～2022 年数字经济高质量发展测算结果　　　单位：%

年份	福州市	三明市	南平市	宁德市	莆田市	泉州市	漳州市	龙岩市	厦门市
2011	41.9854	32.3442	20.8231	19.9626	23.4812	45.2005	26.9261	30.7161	94.1985
2012	43.6219	33.0990	21.5182	21.3358	24.7517	46.2050	28.3393	31.2912	94.3622
2013	46.5390	34.5948	22.8182	23.2636	26.2004	48.3641	29.7857	31.8894	94.6539
2014	47.5893	35.4689	23.9924	24.2766	27.3533	49.7397	31.3088	32.8011	94.7589
2015	50.4530	36.7305	25.5121	25.9686	29.2896	51.7556	33.5780	34.2318	95.0453
2016	52.6842	37.8646	26.5207	26.9288	30.4250	53.1728	35.9290	35.2568	95.2684
2017	53.6790	38.6997	26.7674	27.7734	30.4402	54.0467	36.3350	36.2274	95.3679
2018	55.6770	28.9425	27.9075	28.2231	31.0694	55.9220	37.6957	37.2266	95.5677

续表

年份	福州市	三明市	南平市	宁德市	莆田市	泉州市	漳州市	龙岩市	厦门市
2019	57.5905	39.1977	28.2718	29.9862	32.0375	56.9061	38.5496	36.6773	95.7591
2020	59.7045	40.2528	28.9201	31.3449	33.8295	56.5190	38.9821	38.5305	95.9704
2021	63.0152	41.3967	29.0520	35.6109	34.6055	58.9878	39.4357	39.1163	96.3015
2022	63.3966	42.8320	30.4522	37.6025	35.8814	59.7162	40.6634	39.3796	96.3397

资料来源：《数字福建发展报告（2022年）》、历年《福建统计年鉴》与历年福建省政府工作报告。

三、福建省数字经济与经济高质量发展关系分析

根据上文得出的福建省各年数字经济与经济高质量水平数据（如图1-2所示），即福建省数字经济与经济高质量发展水平组合趋势图，从图中可以看出数字经济与经济高质量发展呈现正相关关系，数字经济发展增速更快，数据结果符合前文的理论部分分析，这也为后文研究二者的机制奠定了基础，为未来福建省数字经济发展指明了方向。

图1-2 福建省数字经济与经济高质量发展水平

资料来源：《数字福建发展报告（2022年）》、历年《福建统计年鉴》与历年福建省政府工作报告。

整体来看，福建省各地区数字经济与经济高质量发展水平存在较大差异，厦门市、福州市与泉州市水平相对较高，而南平市、三明市与龙岩市水平相对较低。福建省数字经济发展不均衡有多个原因，一方面，福建省各城市在自然资源和经济发展基础上存在显著差异，这种差异性导致数字经济发展模式难以实现步调一致。在福建省宏观发展战略的框架下，各地区被赋予了不同的角色与任务，这种差异性自然而然地反映在数字经济发展速度上。另一方面，某些城市在市场化进程中发展较为缓慢，这种情况在一定程度上制约了其经济潜能的充分释放。这种发展不均衡的现象进一步导致优势地区在创新能力、数字经济发展及产业完善度方面表现出色，吸引了大量资金、人才和技术资源的聚集。相比之下，闽西北地区数字产业发展滞后，人才和资金投入短缺的问题日益凸显。

第四节　数字经济对经济高质量发展影响的实证检验

一、模型设定

为了探究数字经济对经济高质量发展的直接影响机制，本课题建立了以下基本模型：

$$Y_{i,t} = \alpha_0 + \alpha_1 dig_{i,t} + \alpha_2 X_{i,t} + \mu_i + \delta_t + \varepsilon_{i,t} \qquad (1-21)$$

其中，i 表示城市，t 表示年份，$Y_{i,t}$ 代表城市 i 在 t 年的经济高质量发展水平，$dig_{i,t}$ 表示城市 i 在 t 年的数字经济发展水平，$X_{i,t}$ 表示控制变量的集合。μ_i 表示不随时间变化的个体城市固定效应，δ_t 表示控制时间固定效应，$\varepsilon_{i,t}$ 表示随机误差项，α_0 表示截距项，α_1 表示数字经济的回归系数，α_2 表示控制变量的回归系数。

除式（1-21）反映的直接影响外，为了探讨数字经济对经济高质量发展的影响机理，本课题在前面研究的基础上，考察了产业结构合理化在两者之间是否发挥中介效应。具体的检验步骤如下：在数字经济发展指数 $dig_{i,t}$ 对于经济高质量发展指数 $Y_{i,t}$ 的作用正向且显著，即模型（1−21）的系数 α_1 显著通过检验的前提下，构建 $dig_{i,t}$ 对于中介变量产业结构高级化 $ind_{i,t}$ 的线性回归方程。其次构建数字经济指数 $dig_{i,t}$ 与中介变量 $ind_{i,t}$ 对经济高质量发展指数 $Y_{i,t}$ 的回归方程，通过 β_1、γ_1 和 γ_2 等回归系数的显著性判断 $ind_{i,t}$ 是否在数字经济与经济高质量发展中发挥中介作用。以上回归模型的具体形式设定如下：

$$ind_{i,t} = \beta_0 + \beta_1 dig_{i,t} + \alpha_2 X_{i,t} + \mu_i + \delta_t + \varepsilon_{i,t} \qquad (1-22)$$

$$Y_{i,t} = \gamma_0 + \gamma_1 dig_{i,t} + \gamma_2 ind_{i,t} + \alpha_2 X_{i,t} + \mu_i + \delta_t + \varepsilon_{i,t} \qquad (1-23)$$

二、数据来源与变量说明

本课题选取了福建省 2011～2022 年 9 个地级市面板数据，数据来源于《中国城市统计年鉴》、《福建统计年鉴》与北京大学数字普惠金融指数，为了弥补部分样本缺失的情况，采用线性插值法对相邻年份的数据进行补齐，并对各变量取对数以降低方程异方差性。

（一）被解释变量：经济高质量发展指数（Y）

二级指标为经济增长、财政收入、生态环境、技术创新、公共服务与居民存款。

（二）解释变量：数字经济指数（dig）

二级指标为数字基础设施、信息产业发展、数字金融化。

（三）中介变量指标选择

产业结构高级化（ind）。产业结构高级化标志着一个国家的经济发展水平、发展阶段和发展方向,体现为产业结构从低水平状态向更合理、更高水平的动态转变,在这个过程中,一个国家或地区的生产要素投入结构发生变化,从而使其产品市场价格发生变动,导致产出增加,这就是产业结构高级化。产业结构高级化采用国内外学者惯用的指标,即 $ind = \sum_{i=1}^{3} i \frac{Y_{it}}{Y_t}$,其中,$Y_{it}$ 表示第 i 产业 t 年产值,Y_t 表示 t 年国内生产总值。

(四)控制变量

城市化水平(urb)。城市化水平用人口密度的对数来表示。经济高质量发展要求公平性和高效率,而城市化水平是影响这两者的重要因素。城镇化是一种经济转型的过程,在规模经济的作用下,将经济和人口集中到城市中来。城市化是经济增长的重要推动力量,不同区域的城市化水平差异会对经济高质量发展的区域差异产生影响。

(五)描述性统计量

各变量的描述性统计结果如表 1 - 6 所示。其中,经济高质量发展指标平均值为 3.6816,最大值为 4.5679,最小值为 2.9939;数字经济指标平均值为 3.2052,最大值为 4.5630,最小值为 1.6769,说明福建省各地级市间的数字经济与经济高质量发展水平均存在较大差距。从控制变量来看,不同地区在城市化水平上存在一定差距。

表 1 - 6 　　　　　　　　　　各变量的描述性统计量

变量	观测值	平均值	标准差	最小值	最大值
Y	108	3.6816	0.4108	2.9939	4.5679
dig	108	3.2052	0.7218	1.6769	4.5630
urb	108	5.8912	0.8239	4.7737	7.3171
ind	108	0.8392	0.0555	0.7420	0.9575

资料来源:《数字福建发展报告(2022 年)》、历年《福建统计年鉴》与历年福建省政府工作报告。

三、基准回归

利用普通面板模型实证检验数字经济发展对地区经济增长影响的直接效应，Hausman 检验结果显示固定效应模型估计方法更有效，将数据代入得到表1-7所示结果。实证检验结果显示：不管是单向还是双向固定效应模型回归结果显示，数字经济发展有利于促进福建省经济高质量发展，且系数在1%水平下高度显著。一方面，数字化信息及知识作为企业生产要素，有助于提高企业生产效率与产出水平；另一方面，互联网平台发展会通过降低供需双方交易成本、扩大生产者贸易范围与增加消费者选择范围，进而促进地区经济增长。从控制变量视角来看，城镇化率系数在单向固定效应模型中1%水平下显著为正，说明城镇化发展会带动福建省经济高质量发展。

表1-7　　　　　　　　　　　基准回归结果

变量	（1）	（2）	（3）	（4）
dig	0. 4599 *** (0. 0267)	0. 3776 *** (0. 0270)	0. 2281 *** (0. 0440)	0. 2375 *** (0. 0710)
urb	—	0. 7792 *** (0. 1323)	—	0. 0606 (0. 3596)
常数项	2. 2075 *** (0. 0859)	- 2. 1189 *** (0. 7384)	2. 8515 *** (0. 1258)	2. 4717 (2. 2567)
时间固定	否	否	是	是
地区固定	是	是	是	是
R^2	0. 7949	0. 5631	0. 7291	0. 7279
样本数	108	108	108	108

注：括号内代表稳健性标准误，***、**、*分别表示在1%、5%、10%的显著性水平下拒绝原假设，本章以下表格注释含义相同，不再重复表述。

四、中介效应

由基准回归结果可知，数字经济发展有利于促进福建省经济高质量发展。为进一步验证数字经济发展是如何影响福建省经济高质量发展，本课题引入产业结构高级化作为中介变量，利用中介效应模型考察数字经济发展是否会通过提升产业结构高级化以促进地区经济高质量发展，将数据代入得到表1-8所示结果。实证检验结果显示：数字经济发展会通过提升产业结构高级化以推动福建省经济高质量发展，且影响系数在10%水平下显著。说明产业结构高级化具有显著中介效应，即数字经济可通过提高数据资源的利用效率和价值创造能力、优化传统产业生产效率带动产业结构高级化，而产业结构高级化通过增加就业面、增强创新能力等带动经济高质量发展。

表1-8　　　　　　　　　　中介效应模型回归结果

变量	Y	ind	Y
dig	0.3776 *** (0.0270)	0.0565 *** (0.0100)	0.3507 *** (0.0308)
ind	—	—	0.4771 * (0.2711)
urb	0.7792 *** (0.1323)	0.2283 *** (0.0490)	0.6702 *** (0.1448)
常数项	-2.1189 *** (0.7384)	-0.6868 ** (0.2736)	-1.7912 ** (0.7539)
时间固定	否	否	否
地区固定	是	是	是
R^2	0.5631	0.5909	0.5833
样本数	108	108	108

五、稳健性检验

首先，用人均 GDP（$Pgdp$）作为经济高质量发展的替代指标，单位是万元，回归结果如表 1-9 所示，回归结果依然显著为正，说明结果稳健。其次，用北京大学数字普惠金融指数（Fis）作为数字经济的替代指标，回归结果依然显著为正，说明结果稳健。最后，绿色发展是经济高质量发展的重要组成部分，本课题用工业 SO_2 排放量/GDP（PSO_2）作为能源利用效率替代变量，单位是吨/万元，将数据代入后发现数字经济发展有利于提高能源利用效率，且系数在 1% 水平下高度显著。

表 1-9　　　　　　　　　　　　稳健性检验结果

变量	$Pgdp$	Y	PSO_2
dig	0.2843 *** (0.0667)	—	-1.6566 *** (0.2439)
Fis	—	0.2266 *** (0.0231)	—
urb	0.2293 (0.3378)	-0.0418 (0.2290)	-19.1185 *** (1.1973)
常数项	-0.6246 (2.1198)	2.7295 ** (1.2543)	119.4074 *** (6.6819)
时间固定	是	否	否
地区固定	是	是	是
R^2	0.9794	0.7220	0.8536
样本数	108	108	108

本 章 小 结

本课题基于戴维·罗默（David Romer）新经济增长理论中研究与开发模型，将数字化信息及知识纳入企业生产与研发函数，通过资料收集整理福建省 2011～2022 年 9 个地级市数据，选取数字基础设施、信息产业发展与数字普惠金融三个工具性变量测算数字经济发展指数，并选取经济增长、财政收入、生态环境、技术创新、公共服务与居民存款六个工具性变量测算经济高质量发展水平，利用普通面板模型与中介效应模型考察数字经济对福建省各地区经济高质量发展影响的直接效应与间接效应。通过理论模型与实证检验得到以下三点结论：①数字化信息及知识作为企业生产要素，当地区数字经济发展水平越高时，越有利于企业获取与运用更多的信息资源，会通过提高企业生产率以提升企业产出水平。②各地区数字经济发展存在较大差异，厦门市、福州市与泉州市数字经济与经济高质量发展水平较高，而三明市、南平市与龙岩市发展水平相对较低。③实证结果显示，数字经济发展会通过提升产业结构高级化，进而促进地区经济高质量发展，该效应通过稳健性检验，且数字经济发展有助于促进地区绿色发展。

第二章

数字经济发展对经济增长的影响研究

——基于省级面板数据的实证检验

党的二十大报告提出"加快发展数字经济,促进数字经济和实体经济深度融合,打造具有国际竞争力的数字产业集群",近几年中央政府工作报告也充分肯定了电商网购、在线服务、网络教育等新业态在经济增长中的作用。中国数字经济绝对规模从 2002 年的 1.22 万亿元增加至 2022 年的 50.2 万亿元,相对规模(占 GDP 比重)也从 10.04% 提升至 41.5%(见图 2-1);而以 GDP 为代表的经济增长由 2002 年的 12.17 万亿元攀升至 2023 年的 126.06 万亿元。从数字经济绝对规模、相对规模与经济增长趋势来看,中国数字经济似乎能促进以 GDP 为代表的经济增长,但同时我们也应意识到,经济增长并不等同于经济发展,经济增长是量的提升,而经济发展是质的飞跃,如何准确度量数字经济对经济高质量发展影响效果也是关键所在。与此同时,2018 年中国数字经济领域就业岗位为 1.91 亿个,占当年总就业人数的 25%[①],在现阶段人口就业压力激增时期,通过发展数字经济可带动地区劳动力就业,减少摩擦性与结构性失业现象。如何科学合理评估与有效利用数字化信息来实现中国经济高质量发展,是贯彻经济发

[①] 中国信息通信研究院:2019 年中国数字经济发展与就业白皮书。

展新常态理念、实现经济与社会可持续发展的一个必须着力研究的现实问题。

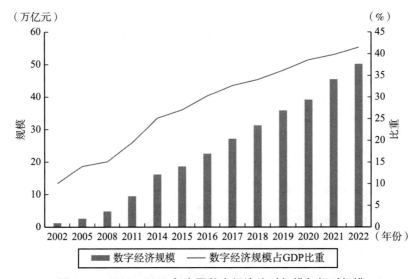

图 2 - 1　2002～2022 年中国数字经济绝对规模与相对规模

资料来源：中国信息通信研究院：2015～2023 年《中国数字经济发展与就业白皮书》。

第一节　理论基础与文献综述

一、数字经济概念界定与规模核算

　　国内外不同学者对数字经济定义各异，但大部分学者认为数字经济是以数字化知识与信息为载体，以数据资源作为技术创新驱动力，其中裴长洪等（2018）从政治经济学视角探讨数字经济特点，指出需要理论与创新来解释数字经济现象。张鹏（2019）认为，数字经济是基于数字信息技术以提高资源配置效率，是技术、制度与组织相互作用过程的体现。易宪容等（2019）强调，数据生产、确权、使用与保护是构成数字经济的重要组成部分。何大安和许一帆（2020）认为，数字经济是将数字化信息及知识运用到生产、交换与消费过程中，是微观经济活动受到新科技引致的现象。

如何准确度量数字经济规模是分析数字经济影响效应的前提条件，不同学者利用主成分因子分析法、专家打分法、功效得分法等进行核算，其中渡边千寻等（Chihiro et al.，2018）认为，现有 GDP 核算未能有效考虑数字经济规模，即数字化信息技术所引发的经济范式变革未得到有效重视。戈尔德法布与塔克（Goldfarb and Tucker，2019）和贝瑞福特等（Barefoot et al.，2019）对数字经济特点与模式等进行探讨，指出数字经济是一种新的经济范式。张伯超和沈开艳（2018）指出，数字经济发展指标应涵盖要素禀赋与基础设施、信息通信技术水平以及营商与创新环境等方面。许宪春和张美慧（2020）在理论梳理基础上构建了数字经济规模核算体系，通过测算发现我国数字经济增长率相对较高。

二、数字经济对经济高质量发展影响机制

数字经济作为我国经济重要组成部分，通过将数字化信息技术运用于居民生活、企业生产与政府治理等方面，有助于提升居民生活便利性、企业生产效率与政府治理水平，进而促进我国经济高质量发展，其中荆文君和孙宝文（2019）认为，数字经济从微观上会通过规模经济、范围经济与长尾效应更好地匹配供需，宏观上以新的投入要素、资源配置效率和全要素生产率促进经济高质量发展。刘淑春（2019）强调，数字经济与实体经济深入融合是促进我国经济高质量发展重要动力。李辉（2019）与丁志帆（2020）从微观（商业模式创新）、中观（产业结构升级）、宏观（效率提升）视角分析大数据如何助力我国经济高质量发展。米奥维拉等（Myovella et al.，2020）基于 2006～2016 年 74 个国家面板数据实证检验发现，数字化有助于促进各国经济增长。张腾等（2021）指出，数字经济会通过全要

素生产率与市场运行效率、经济结构与市场体系、社会福利水平与共享经济成果、自然资源利用率与降低生态环境污染等方式促进我国经济高质量发展。赵涛等（2020）、李宗显和杨千帆（2021）与陈昭等（2022）认为，数字经济发展会促进创业活跃度、提高全要素生产率、提升区域创新水平，加快产业结构升级以推动我国经济高质量发展。吉拉尼等（Gillani et al.，2020）、特拉诺斯等（Tranos et al.，2020）和纳德卡尼与普吕格尔（Nadkarni and Prügl，2020）通过对英国与印度等国家的研究发现，数字经济有助于推动地区经济增长。

三、数字经济对居民、企业与政府的影响效应

数字经济会促进非正规劳动者就业与提升居民创业活跃度，其中戚聿东等（2020）认为，数字经济发展会通过加速产业结构升级以有效促进就业结构优化与质量升级，改善劳动报酬与实现劳动力高质量就业。何宗樾和宋旭光（2020）指出数字经济发展对非正规劳动者就业与创业者具有积极影响，有利于稳定当前就业形势。宋（Song，2019）通过研究发现，数字经济发展有利于促进制造业就业，提升劳动力就业水平。伯塔尼等（Bertani et al.，2020）研究却发现，数字经济行业较高生产率会导致失业率上升，且该效应不会被新增就业机会所抵消。数字普惠金融也会影响居民收入与家庭消费，其中张勋等（2019）与黄倩等（2019）指出，数字普惠金融会通过提高农村居民创业行为以提高其家庭收入，改善收入分配并降低贫困率。李杰等（Li et al.，2020）基于中国家庭金融调查（CHFS）与北大数字金融发展指数研究发现，数字金融有助于促进中国居民家庭消费。

数字化信息作为企业生产要素与创新驱动力，有助于提升企业生产效率，并促进产业结构优化升级，其中何帆和刘红霞（2019）、祁怀锦等（2020）认为，企业数字化会通过降低企业成本、提高资源配置效率、技术创新效应、减少信息不对称和管理决策非理性行为以提升企业经济效益。

王开科等（2020）、余文涛和吴士炜（2020）指出，数字经济会通过提高数字技术通用性、改善金融市场与技术市场错配以提升企业生产效率。郭凯明（2019）认为人工智能发展有助于促进生产要素在不同部门间流动，流动方向取决于其对劳动或资本的替代弹性，进而影响产业结构转化升级。沈运红和黄桁（2020）通过研究发现，数字基础建设、产业发展与科技创新有助于制造业产业结构优化升级。张辽和王俊杰（2020）指出，信息密度与信息技术能力提高有利于促进制造业价值链攀升。部分学者通过研究发现信息通信技术（ICT）发展有助于减少能源消耗，从而实现节能减排，其中周小勇等（Zhou et al.，2018）使用三层结构分解分析法研究发现，ICT发展会提高企业能源强度，信息通信技术输入替代有利于减少生产中的能源消耗。石田叶月（Ishida，2015）、贝赫勒等（Béchir et al.，2021）基于实证检验发现，ICT发展有助于提高日本、印度与突尼斯等国家能源利用效率，减少能源消耗，并改善环境质量。

数字经济发展也会引起政府治理体系变革，将大数据运用于政府治理有利于提高政府治理效率，其中刘淑春（2018）认为，数字政府是将大数据与政府治理相融合，以加强对各组织结构协调，且大数据有助于提高政府治理效率，抑制腐败行为（赵云辉等，2019）。马萨和莫菲尔德（Massah and Mohieldin，2020）指出，数字化转型有利于政府更有效地制定可持续发展战略。与此同时，熊鸿儒（2019）认为，应完善反垄断规制体系，加强对平台寡头垄断型企业的监管。王伟玲和王晶（2019）、陈勇民（Chen，2020）认为，在加强信息技术开发与利用的同时，应加强数据开放与产权保护，提高全民信息安全意识。

综上所述，数字经济是以数字化信息技术为载体，以数据资源作为技术创新驱动力，是将信息化资源运用于经济活动的产物。现有数字经济相关文献聚焦在概念界定、规模核算与影响效应方面，就数字经济对经济高质量发展影响来看，侧重于企业层面，且集中在信息通信技术发展诱发的全要素生产率提升，但缺乏具体的理论与实际传导机制。本课题基于

2009～2018年中国31个省区市面板数据（不含港澳台地区），通过测算各地区数字经济发展指数，以要素市场扭曲程度与人力资本作为中介变量，考察数字经济发展对我国经济高质量发展的影响机制及效应。不同于以往研究，本课题可能存在的创新点在于：①基于戴维·罗默（David Romer）研究与开发模型，将数字化信息及知识纳入企业生产函数，并选取五个工具性变量测算各省区市数字经济发展指数。②通过普通面板模型与中介效应模型实证检验数字经济发展对我国经济高质量发展影响的直接效应与间接效应，并识别其中具体的理论与实际传导机制。③利用多期双重差分法考察各地区政府出台数字经济发展相关文件是否有利于促进数字经济发展。

第二节　数据来源、变量描述与计量模型

一、数字经济发展指数

本课题基于2009～2018年中国31个省区市面板数据（不含港澳台地区），结合中国实际情况，并根据数据可得性及可量化原则，将数字经济发展指数划分为数字宏观指数、基础设施指数、数字产业指数、行业融合指数与数字政府指数五个方面。① 由于各指标度量标准、单位与符号存在差异性，将数据进行标准化处理，即当指标越大越有利于提高数字经济发展指数时，采用正向指标法：$X_{it}^{p} = \dfrac{X_{it} - X_{it(\min)}}{X_{it(\max)} - X_{it(\min)}}$，而当指标越大越不利于提高数字经济发展指数时，采用负向指标法：$X_{it}^{p} = \dfrac{X_{it(\max)} - X_{it}}{X_{it(\max)} - X_{it(\min)}}$，其中 X_{it} 为第

---

① 中国电子信息产业发展研究院发布的《2019年中国数字经济发展指数》报告指出，数字经济是以数字化信息及知识作为企业生产要素、以现代信息网络为主要载体、以信息通信技术融合应用作为推动中国经济高质量发展的重要推动力，促进公平与效率更加统一的新经济形态，其中基础设施建设、数字产业发展、行业融合应用与政府营商环境是数字经济发展指数的组成部分。

t 年 i 指标，部分数据缺失用平滑法换算，并对五个工具性变量指标取相应的权重求解 31 个省数字经济发展指数，各指标选取及符号如表 2 – 1 所示。

表 2 – 1　　　　　　　　　　数字经济发展指数

一级指标	二级指标
数字宏观指数	互联网上网人数（＋）、知识产权授权数（＋）、发明数（＋）、人均地方政府教育支出（＋）、人均地方政府科技支出（＋）、15 岁及以上文盲人口占比（－）
基础设施指数	互联网宽带接入端口（＋）、互联网宽带接入用户（＋）、域名数（＋）、网站数（＋）、网页数（＋）、电话普及率（＋）、移动电话普及率（＋）
数字产业指数	软件业务收入（＋）、软件产品收入（＋）
行业融合指数	电子商务交易额（＋）、包裹快递数（＋）、电子商务企业数（＋）、电子商务企业数占比（＋）
数字政府指数	知识产权保护力度指数（＋）、数字经济相关规划政策文件（＋）、城市污水日处理能力（＋）

资料来源：互联网上网人数与电子商务交易额数据来源于《中国第三产业统计年鉴》，各省区市商务厅（局）报告、发展改革委报告、政府工作报告等；知识产权保护力度参照韩玉雄和李怀祖（2005）的算法进行估算；各地区政府出台数字经济发展相关文件来源于网络资料收集整理所得；其他数据均来源于历年《中国统计年鉴》，部分数据缺失采用移动平均法估算。

二、描述性统计量

被解释变量：衡量各地区经济增长指标相对较多，如人均 GDP、城乡居民可支配收入、财政收入等，本课题采用国内外学者惯用指标，即用人均 GDP 表示，单位是万元。

核心解释变量：各地区数字经济发展状况用数字经济发展指数表示，指数具体测算方法及结果如前文所示。

中介变量：平台经济发展有利于缓解要素市场扭曲程度（余文涛和吴士炜；2020），而平台经济作为数字经济重要组成部分，数字经济发展是否会通过缓解要素市场扭曲程度进而促进中国经济高质量发展呢？从省域要素市场扭曲指数测算来看，现有研究大多采用两种方法衡量要素市场扭曲程度（*Factor*），一是依据中国要素市场化进程滞后于产品市场化，基于张杰等（2011）研究成果，构建如下指标测度要素市场扭曲程度：$Factor_1 =$（产品市场的市场化指数 – 要素市场发育指数）/产品市场的市场化指数。二是依据林伯强和杜克锐（2013）研究发现，中国要素市场发育程度与产品市场市场化程度二者之间存在关联性，故采用二者之间相对差距来度量要素市场扭曲程度，具体估算指标如下：$Factor_{2it} = [\max(Factor_{it}) - Factor_{it}]/\max(Factor_{it}) \times 100$。上述两种方法测算要素市场扭曲程度各有利弊，为更加全面测度中国要素市场扭曲程度的区域差异和时间差异，本课题采用上述两种衡量方法来共同反映要素市场扭曲程度。

部分学者通过研究发现互联网与信息化水平加快有助于提升劳动力素质，推动产业结构优化升级（程林等，2020），那么，数字经济发展是否会通过提高人力资本水平进而促进中国经济高质量发展呢？本课题结合中国实际情况与数据可得性，人力资本水平采用国内外学者惯用的 6 岁以上人口受教育程度表示，即人力资本（*Edu*）=（小学 ×1 + 初中 ×2 + 普通高中 ×3 + 中职 ×4 + 大专 ×5 + 本科 ×6 + 研究生以上 ×7）/6 岁以上人口。

控制变量：各地区经济发展水平影响因素较多，本课题选取城镇化率、商铺租金与城市道路作为控制变量，其中城镇化率用城市常住人口率表示，单位是%；商铺租金用商业营业用房价格度量，单位是万元/平方米；城市道路用各地区境内铁路、内河与公路里程总和衡量，单位是万公里。各变量具体计算方法及说明如表 2 - 2 所示。

表 2 - 2　　　　　　　　　　　各变量的基本描述

符号	变量	定义	单位	平均值	最小值	最大值
Pgdp	经济增长	人均 GDP	万元	4.7706	1.0302	14.0761
Dei	数字经济	数字经济发展指数	1	23.1618	0.7723	84.6462
Factor₁	市场扭曲指数	要素市场相对扭曲指数	1	52.3252	0.0000	111.3615

符号	变量	定义	单位	平均值	最小值	最大值
$Factor_2$	市场扭曲程度	要素市场扭曲程度指数	1	0.3000	-1.5586	1.3168
Edu	人力资本水平	居民受教育程度	1	2.1260	0.8429	4.0179
Urb	城镇化率	城市常住人口/总人口×100	%	0.6659	0.2452	3.4143
$Shop$	商铺价格	商业营业用房价格	万元/平方米	0.9847	0.3949	3.6370
$Road$	城市道路	铁路+内河+公路里程	万公里	14.9260	1.4215	34.7360

资料来源：数字经济发展指数、要素市场扭曲程度与人力资本水平经测算所得，其他数据均来自历年《中国统计年鉴》，部分数据缺失采用移动平均法换算。

三、计量模型

结合前文理论分析可知，数字经济是以数字化的信息及知识作为企业生产要素，并利用信息技术作为企业技术创新驱动力，有利于降低市场交易成本、提高企业生产效率、缓解要素市场扭曲、提升全要素生产率，进而促进中国经济高质量发展。本课题首先基于普通面板模型检验数字经济发展对中国经济高质量发展影响的直接效应，即

$$Pgdp_{it} = \partial_0 + \partial_1 Dei_{it} + \partial_2 control_{it} + v_i + \mu_t + \varepsilon_{it} \qquad (2-1)$$

再利用中介效应模型检验数字经济发展是否会通过缓解要素市场扭曲程度与提升人力资本水平进而促进中国经济高质量发展，中介效应模型设定如下：

$$Factor_{it} = \beta_0 + \beta_1 Dei_{it} + \beta_2 control_{it} + v_i + \mu_t + \varepsilon_{it} \qquad (2-2)$$

$$Pgdp_{it} = \lambda_0 + \lambda_1 Factor_{it} + v_i + \mu_t + \varepsilon_{it} \qquad (2-3)$$

$$Pgdp_{it} = \rho_0 + \rho_1 Dei_{it} + \rho_2 Factor_{it} + \rho_3 control_{it} + v_i + \mu_t + \varepsilon_{it} \qquad (2-4)$$

$$Edu_{it} = \beta_0 + \beta_1 Dei_{it} + \beta_2 control_{it} + v_i + \mu_t + \varepsilon_{it} \qquad (2-5)$$

$$Pgdp_{it} = \lambda_0 + \lambda_1 Edu_{it} + v_i + \mu_t + \varepsilon_{it} \qquad (2-6)$$

$$Pgdp_{it} = \rho_0 + \rho_1 Dei_{it} + \rho_2 Edu_{it} + \rho_3 control_{it} + v_i + \mu_t + \varepsilon_{it} \qquad (2-7)$$

其中，式（2-4）与式（2-7）分别衡量数字经济发展是否会通过缓解要素市场扭曲程度与提升人力资本水平，进而促进中国经济高质量发展。

数字经济发展在促进宏观经济增长的同时,是否有利于提高微观个体收入水平呢?为验证数字经济发展对微观个体的影响,本课题将城乡居民收入纳入分析范畴,模型设定如下:

$$Income_{it} = \partial_0 + \partial_1 Dei_{it} + \partial_2 control_{it} + v_i + \mu_t + \varepsilon_{it} \qquad (2-8)$$

其中,$Income$ 表示城市居民人均可支配收入或农村居民人均纯收入。

第三节　实证结果分析

本课题基于2009～2018年中国31个省区市面板数据(不含港澳台地区),利用普通面板模型考察数字经济发展对中国经济高质量发展影响的直接效应,并运用中介效应模型验证数字经济发展是否会通过缓解要素市场扭曲程度与提升人力资本水平,进而促进中国经济高质量发展,并就得到的结果作进一步稳健性检验。此外,利用多期双重差分法检验各省区市政府出台数字经济相关政策文件是否有利于促进数字经济发展。为检验面板数据是否是平稳序列,利用 LLC 检验发现,不管是 AIC、BIC 还是 HQIC 标准下得到的 P 值均小于 0.01,说明面板不存在单位根,即面板序列为平稳过程。

一、基准回归

利用普通面板模型实证检验数字经济发展对地区经济增长影响的直接效应,Hausman 检验结果显示固定效应模型估计方法更有效。此外,为降低解释变量与随机干扰项相关导致方程内生性问题,本课题用系统 GMM 方法对模型进行估计,归因于系统 GMM 对动态面板模型估计效率高于差分GMM,并利用 Arellano-Bond AR(1)和 AR(2)检验发现,系统 GMM 在5% 水平下通过扰动项无自相关检验,且 Sargan 检验发现所有工具变量均有效,即模型不存在过度识别问题,将数据代入得到结果如表 2-3 所示。

表 2 - 3   普通面板模型回归结果

变量	固定效应模型		系统 GMM 模型	
$Pgdp_{-1}$	—	—	1.00 *** (2481.79)	0.98 *** (124.04)
Dei	0.03 *** (2.56)	0.006 (1.01)	0.008 *** (39.55)	- 0.00004 (- 0.18)
Urb	—	0.16 *** (7.57)	—	- 0.004 ** (- 2.04)
$Shop$	—	2.72 *** (12.95)	—	0.39 *** (14.43)
$Road$	—	0.02 (0.40)	—	- 0.07 *** (- 18.09)
常数项	4.13 *** (15.85)	- 7.19 *** (- 12.08)	0.24 *** (44.41)	1.43 *** (9.61)
AR（1）	—	—	0.0168	0.0353
AR（2）	—	—	0.3982	0.9943
Sargan	—	—	0.9164	0.9398
R^2	0.3976	0.8133	—	—
样本数	310	310	279	279

注：括号内代表 Z 统计值，***、** 分别表示在 1%、5% 的显著性水平下拒绝原假设，本章以下表格注释含义相同，不再重复表述。

不管是固定效应模型还是系统 GMM 模型回归结果显示（见表 2 - 3），数字经济发展有利于促进地区经济增长，且系数在 1% 水平下高度显著。一方面，数字化信息及知识作为企业生产要素，有助于提高企业生产效率与产出水平；另一方面，互联网平台发展会通过降低供需双方交易成本、扩大生产者贸易范围与增加消费者选择范围，促进地区经济增长。从控制变量视角来看，城镇化率与商铺租金系数在固定效应模型中 1% 水平下显著为正，说明城镇化发展会带动地区经济增长，而商品租金上升会通过倒逼机制促进产业结构升级，但城市道路影响系数却不显著。此外，被解释变量一阶滞后系数在各模型中1%水平下显著为正，说明各地区经济发展水平存在时滞性。

为进一步考察数字经济发展对地级市经济增长的影响，本课题借鉴姜松和孙玉鑫（2020）研究方法，利用腾讯研究院2017年发布的《中国"互联网＋"数字经济指数》报告，其数字经济发展指数包括基础分指数、产业分指数、创新创业分指数与智慧民生分指数四个方面，并选取289个地级市作为考察对象。由于受数据来源所限，控制变量中经济发展水平、城镇化率、商铺租金与城市道路分别用人均GDP、建成区人口密度、商品房销售价格与人均拥有城市道路面积表示，单位分别是万元、人/平方公里、万元/平方米与平方米/人，数据来源于2017年《中国城市统计年鉴》，部分数据缺失采用移动平均法换算，将数据代入后采用逐步最小二乘回归法得到表2-4结果。

表2-4 逐步最小二乘法回归结果

变量	（1）	（2）	（3）	（4）
Dei	1.31 *** (12.54)	1.16 *** (10.00)	0.70 *** (4.88)	0.61 *** (6.21)
Urb	—	0.002 *** (2.64)	0.002 ** (2.08)	0.001 ** (1.94)
Shop	—	—	4.43 *** (5.06)	1.76 *** (2.85)
Road	—	—	—	0.44 *** (17.90)
常数项	4.68 *** (17.13)	3.85 *** (9.30)	1.77 *** (3.10)	1.30 *** (3.30)
Adj R^2	0.3518	0.3650	0.4154	0.7243
F	157.30	83.77	69.21	190.11

逐步最小二乘法回归结果显示（如表2-4所示），地级市层面上数字经济发展有利于促进地区经济增长，且系数在各模型中1%水平下高度显著，说明发展数字经济是推动中国经济高质量发展的重要动力。从控制变量视角来看，城镇化率、商铺租金与城市道路影响系数在各模型中5%水平下显著为正。

二、中介效应

由前文分析可知，数字经济发展有利于促进地区经济增长，为进一步验证数字经济发展是如何影响地区经济增长的，本课题引入要素市场扭曲指数作为中介变量，利用中介效应模型考察数字经济发展是否会通过缓解要素市场扭曲程度以促进地区经济增长，将数据代入得到表2-5所示的结果。

表2-5　　　　　　　　　中介效应模型回归结果

变量	要素市场相对扭曲指数（$Factor_1$）				要素市场扭曲程度指数（$Factor_2$）			
	$Factor_1$	$Factor_1$	$Pgdp$	$Pgdp$	$Factor_2$	$Factor_2$	$Pgdp$	$Pgdp$
$Factor$	—	—	-0.06*** (-9.71)	-0.02*** (-4.00)	—	—	-4.42*** (-22.18)	-2.14*** (-11.41)
Dei	-0.31*** (-4.52)	-0.12 (-1.61)	—	-0.005 (-0.99)	-0.006*** (-4.27)	-0.001 (-1.01)	—	0.002 (0.53)
Urb	—	-0.11 (-0.37)	—	0.12*** (10.79)	—	-0.02*** (-3.12)	—	0.12*** (6.91)
$Shop$	—	-0.44 (-0.15)	—	2.64*** (13.43)	—	-0.30*** (-5.32)	—	2.08*** (11.46)
$Road$	—	-2.09*** (-2.69)	—	0.07*** (3.96)	—	-0.03** (-2.22)	—	-0.05 (-1.03)

变量	要素市场相对扭曲指数（$Factor_1$）				要素市场扭曲程度指数（$Factor_2$）			
	$Factor_1$	$Factor_1$	$Pgdp$	$Pgdp$	$Factor_2$	$Factor_2$	$Pgdp$	$Pgdp$
常数项	59.57 *** (18.19)	93.00 *** (11.10)	8.00 *** (19.30)	-4.31 *** (-6.40)	0.45 *** (7.37)	2.08 *** (13.16)	6.10 *** (21.82)	-2.75 *** (-4.38)
R^2	0.3268	0.0020	0.4902	0.7982	0.2153	0.4513	0.5489	0.7918
样本数	310	310	310	310	310	310	310	310

中介效应模型结果显示（如表2-5所示），数字经济发展会通过降低要素市场相对扭曲指数（$Factor_1$）进而促进地区经济增长，且系数在1%水平下高度显著。若从总效应来看，要素市场相对扭曲指数对地区经济增长影响效应相对数字经济发展指数较高。若将中介效应变量替换成要素市场扭曲程度指数（$Factor_2$）时，数字经济发展对要素市场扭曲程度指数影响系数在1%水平下显著为负，说明降低要素市场扭曲程度有助于提高地区经济增长。中介效应结果表明，数字经济发展会通过缓解要素市场扭曲程度以促进地区经济增长。

数字经济发展在缓解要素市场扭曲的同时，也会对各地区人力资本造成影响，本课题基于中介效应模型验证数字经济发展是否会通过提高人力资本水平促进中国经济高质量发展，将数据代入后得到表2-6所示的结果。

表2-6　　　　　　　　　中介效应模型检验结果

变量	Edu	Edu	$Pgdp$	$Pgdp$
Edu	—	—	0.05 *** (5.72)	0.009 ** (1.93)
Dei	0.004 *** (2.95)	0.004 *** (3.47)	—	1.98 *** (8.93)

续表

变量	Edu	Edu	$Pgdp$	$Pgdp$
Urb	—	0.02 *** (10.10)	—	0.13 *** (6.77)
$Shop$	—	0.38 *** (8.59)	—	1.85 *** (8.86)
$Road$	—	0.01 *** (3.69)	—	− 0.02 (− 0.49)
常数项	2.02 *** (32.16)	0.47 *** (4.39)	3.68 *** (11.11)	− 8.21 *** (− 15.29)
R^2	0.2314	0.7407	0.3976	0.8096
样本数	310	310	310	310

中介效应模型结果显示（见表2-6），数字经济发展会通过提高人力资本进而促进地区经济增长，且系数在1%水平下高度显著。若从总效应来看，数字经济发展对地区经济增长影响效应相对人力资本较高。

三、稳健性检验

普通面板模型、系统 GMM 模型与中介效应模型结果显示，数字经济发展有利于促进各地区经济增长。为增加研究结论的可靠性与真实性，本课题用规模以上工业企业总产值作为人均 GDP 替代变量进行稳健性检验，单位是万亿元，检验结果如表2-7所示。

表2-7　　　　　　　　　　稳健性检验结果

变量	规模以上工业企业总产值			
	基本回归模型	中介效应模型（$Factor_1$）		中介效应模型（$Factor_2$）
$Factor$	—	—	− 0.02 *** (− 3.93)	− 0.001 (− 0.18)	− 1.78 *** (− 7.30)	− 0.10 (− 0.34)

续表

变量	规模以上工业企业总产值					
	基本回归模型		中介效应模型（$Factor_1$）		中介效应模型（$Factor_2$）	
Dei	0.03 *** (3.57)	0.02 ** (2.22)	—	0.02 ** (2.19)	—	0.02 ** (2.19)
Urb	—	0.10 *** (3.55)	—	0.10 *** (3.54)	—	0.10 *** (3.42)
Shop	—	0.41 * (1.48)	—	0.41 * (1.48)	—	0.38 (1.31)
Road	—	0.12 * (1.59)	—	0.11 * (1.53)	—	0.11 * (1.52)
常数项	2.39 *** (11.49)	−4.86 *** (−6.19)	4.37 *** (6.73)	−4.77 *** (−5.04)	3.63 *** (6.13)	−4.65 *** (−4.63)
R^2	0.4380	0.3940	0.0855	0.3874	0.0233	0.3861
样本数	310	310	310	310	310	310

稳健性检验结果显示（见表 2 - 7），数字经济发展有利于提高规模以上工业企业总产值，且系数在 5% 水平下显著。中介效应模型结果表明，数字经济发展会通过缓解要素市场扭曲程度以提升规模以上工业企业总产值，且该系数在各模型中 5% 水平下显著，与前文得到的结果相一致，说明数字经济发展有利于促进地区经济增长。

由前文分析可知，数字经济发展有助于缓解要素市场扭曲程度，那么，要素市场扭曲程度减弱是否会通过提升企业全要素生产率（TFP），进而提高全社会产出水平。通过构建中介效应模型以验证该机制是否成立，中介效应模型设定如下：

$$Factor_{it} = \partial_0 + \partial_1 Dei_{it} + v_i + \mu_t + \varepsilon_{it} \qquad (2-9)$$

$$TFP_{it} = \beta_0 + \beta_1 Factor_{it} + v_i + \mu_t + \varepsilon_{it} \qquad (2-10)$$

$$Pgdp_{it} = \lambda_0 + \lambda_1 Dei_{it} + \lambda_2 TFP_{it} + \lambda_3 control_{it} + v_i + \mu_t + \varepsilon_{it} \qquad (2-11)$$

其中，全要素生产率计算过程如下：假设企业生产要素包括资本（K）、劳动力（L）与人力资本（H），生产函数采用标准的柯布－道格拉斯（C-D）形式，即：$Y = AK^{\partial}(HL)^{\beta}$，$\ln Y = \ln A + \partial \times \ln K + \beta \times \ln(HL)$，并假定生产函数规模报酬不变，即 $\partial + \beta = 1$，A 为全要素生产率。Y 用真实 GDP（1978 年基期）表示，单位为万元；K 用资本存量（1978 年基期）表示，通过永续盘存法计算，即 $K_t = (1 - \delta)K_{t-1} + I_t/P_t$，其中 K_t 与 K_{t-1} 表示第 t 年与 $t-1$ 年资本存量，δ 表示资本品的重置率，I_t 与 P_t 表示第 t 年的资本投资及价格指数，基期资本存量 K_0 采用实际资本形成额比平均折旧率与后 5 年间固定资本形成增长率的平均值之和来测算，重置率 δ 沿用单豪杰（2008）计算得到的 10.96%，P_t 利用固定资产投资价格指数进行延续，I_t 选用固定资本形成总额，根据换算得到资本存量 K，单位为万元；H 用 6 岁及以上人口平均受教育年限表示，单位为年；L 用全社会从业人员数表示，单位为万人。资本（∂）与劳动力（β）收入份额用收入法换算，即资本收入份额（∂）＝（收入法 GDP－调整后的劳动报酬－生产税净额）/（收入法 GDP－生产税净额）＝（固定资产折旧＋营业盈余）/（收入法 GDP－生产税净额）；劳动力收入份额（β）＝调整后的劳动报酬/（收入法 GDP－生产税净额），并利用索洛经济增长模型计算得到全要素生产率增长率，将数据代入得到表 2-8 结果。

表 2-8　　　　　　　　　　　　中介效应模型回归结果

变量	要素市场相对扭曲指数（$Factor_1$）			要素市场扭曲程度指数（$Factor_2$）		
	$Factor_1$	TFP	Pgdp	$Factor_2$	TFP	Pgdp
Dei	-0.31 *** (-4.52)	—	0.003 (0.55)	-0.006 *** (-4.27)	—	0.003 (0.55)
Factor	—	-0.006 ** (-2.30)	-0.02 *** (-5.58)	—	-0.65 *** (-5.20)	-2.12 *** (-11.32)

变量	要素市场相对扭曲指数（$Factor_1$）			要素市场扭曲程度指数（$Factor_2$）		
	$Factor_1$	TFP	Pgdp	$Factor_2$	TFP	Pgdp
TFP	—	—	0.11 * （1.55）	—	—	0.07 （1.15）
Urb	—	—	0.16 *** （7.69）	—	—	0.12 *** （6.80）
Shop	—	—	2.65 *** （13.10）	—	—	2.05 *** （11.14）
Road	—	—	− 0.03 （− 0.53）	—	—	− 0.05 （− 1.06）
常数项	59.57 *** （18.2）	4.00 *** （24.83）	− 5.22 *** （− 7.63）	0.45 *** （7.37）	3.87 *** （43.88）	− 2.86 *** （− 4.51）
R^2	0.3268	0.0209	0.7956	0.2153	0.0538	0.7897
样本数	310	310	310	310	310	310

中介效应模型回归结果显示（见表 2 - 8），数字经济发展会通过缓解要素市场扭曲程度以提高企业全要素生产率，系数在各模型中 5% 水平下高度显著，且全要素生产率提高有利于促进地区经济增长，即 TFP 影响系数在 $Factor_1$ 与 $Factor_2$ 模型中均为正，说明数字经济发展会通过缓解要素市场扭曲程度以提升企业全要素生产率，进而提高全社会产出水平。

中国各地区因地理位置、气候环境、文化习俗、政策导向、经济发展等因素差异，导致不同城市数字经济发展存在较大差距，长三角、珠三角与京津冀地区数字经济发展相对较快，而西部落后地区数字经济发展水平有待提升，为考察数字经济发展对东、中、西部[①]地区经济增长影响差异，将数据代入得到表 2 - 9 结果。

---

① 东部地区：北京、天津、上海、江苏、浙江、福建、山东、广东与海南；中部地区：河北、山西、辽宁、吉林、黑龙江、安徽、江西、河南、湖北与湖南；西部地区：内蒙古、广西、重庆、四川、贵州、云南、西藏、陕西、甘肃、青海、宁夏与新疆。

表 2 - 9 分地区回归结果

变量	东部地区		中部地区		西部地区	
Dei	0.17 *** (3.05)	-0.01 (-0.38)	0.009 (1.04)	0.001 (0.40)	0.28 *** (7.08)	0.04 ** (2.28)
Urb	—	0.23 *** (3.78)	—	0.16 *** (9.43)	—	0.19 *** (11.23)
Shop	—	3.08 *** (8.46)	—	1.43 *** (3.26)	—	0.54 *** (2.89)
Road	—	0.22 (1.08)	—	0.09 *** (3.01)	—	0.006 (0.14)
常数项	-1.05 (-0.38)	-14.41 *** (-5.51)	3.78 *** (12.33)	-7.03 *** (-10.5)	0.72 ** (1.75)	-6.45 *** (-17.95)
R^2	0.0977	0.7150	0.0203	0.6837	0.0694	0.6161
样本数	90	90	110	110	130	130

　　分地区回归结果显示（见表 2 - 9），数字经济发展对东部及西部地区经济增长影响较为明显，且系数在 1% 水平下显著为正，对中部地区影响系数虽为正，但却在 5% 水平下不显著。加入控制变量之后，数字经济发展对东中西部地区经济增长影响减弱，且影响系数仅在西部地区中 5% 水平下显著为正。

四、拓展性分析

　　数字经济发展会通过缓解要素市场扭曲程度以提高规模以上企业工业总产值，那么，数字经济发展是否会对居民收入产生影响呢？本课题基于普通面板模型实证检验数字经济发展对城市居民人均可支配收入及农村居民人均纯收入的影响，二者单位为万元/人，将数据代入得到表 2 - 10 结果。

表 2 - 10   拓展性分析回归结果

变量	城市居民人均可支配收入		农村居民人均纯收入	
Dei	0.02 *** (7.67)	− 0.0004 (− 0.15)	0.01 *** (6.46)	0.0007 (0.55)
Urb	—	0.09 *** (8.05)	—	0.04 *** (8.38)
Shop	—	1.47 *** (14.00)	—	0.64 *** (12.89)
Road	—	0.08 *** (2.75)	—	0.03 ** (2.02)
常数项	2.14 *** (21.55)	− 4.61 *** (− 15.48)	0.78 *** (13.20)	− 2.35 *** (− 16.58)
R^2	0.3148	0.6525	0.3199	0.6959
样本数	310	310	310	310

拓展性分析回归结果显示（见表 2 - 10），数字经济发展有利于提高城市与农村居民收入，且系数在 1% 水平下高度显著，与数字经济发展能够提高劳动生产率密切相关。从控制变量视角来看，城镇化率、商铺租金与城市道路系数在各模型中 5% 水平下均显著为正。

五、多期双重差分法

本课题利用双重差分法考察各地区出台的数字经济相关政策文件是否有利于促进数字经济发展。普通双重差分法适用于政策实施时间一致的情况，但各地区出台数字经济相关政策文件随机分布在 2009 ~ 2018 年之间，故本课题使用多期双重差分法进行实证检验，即：

$$Dei_{it} = \beta_0 + \beta_1 GD_{it} + \gamma \sum_n Controls_{it} + \mu_i + \eta_t + \varepsilon_{it} \qquad (2 - 12)$$

其中，虚拟变量 GD_{it} 表示城市 i 在第 t 年是否出台数字经济相关政策文件，若出台相关政策文件，GD_{it}取值为1，否则为0。由于无法确定各地区出台数字经济相关政策文件时间$Period_t$，因此，在多期双重差分模型中，原模型中的分组变量与时间变量将不再存在，但新模型中应控制地区固定效应μ_i和时间固定效应η_t，并使用双向固定效应模型。实证检验结果显示，$Dei_{it} = 22.92 + 2.39GD_{it}(2.65)$，括号内代表$T$统计值，说明各地区出台数字经济相关政策文件有利于促进数字经济发展，且系数在1%水平下显著。[①]

不管是普通还是多期双重差分法要求平行趋势假设成立，即各地区出台数字经济相关政策文件对数字经济发展的影响只会发生在政策文件出台之后，而在政策文件出台之前，实验组与对照组的数字经济发展趋势不存在显著差异，即：

$$Dei_{it} = \beta_0 + \sum_{p=-n}^{n} \beta_p Year_{pit} + \gamma \sum_n Controls_{it} + \mu_i + \eta_t + \varepsilon_{it} \quad (2-13)$$

其中，$Year_{pit}$是一个虚拟变量，若城市i在某时间段出台数字经济相关政策文件，第t年为i城市出台数字经济相关政策文件前或后的第P年，则$Year_{pit}$取值为1，否则为0。在此处，衡量政府出台数字经济相关政策文件前P年与后P年因变量的变化，若β_{-2}到β_{-1}不显著，则说明平行趋势假说成立。通过检验发现，在政策实施前一期、前二期，每个时期的虚拟变量的影响系数均不显著，说明满足平行趋势假设。

本 章 小 结

自1996年美国学者唐·泰普斯科特（Don Tapscott）提出数字经济概念以来，全球数字经济发展迅速，2018年37个国家数字经济规模达到30.2万亿美元，占GDP的比重是40.3%，并涌现出微软（Windows）、苹果（Apple）、谷歌（Google）、阿里巴巴、腾讯等大型互联网公司。数字经

---

① 实证检验结果未在文中列出，若需要可向作者索要。

济作为中国经济重要组成部分，通过将数字化信息及知识运用于企业生产、市场交易与政府治理等方面，有利于提高企业生产效率、降低市场交易成本、提升政府办事效率，促进中国经济高质量发展。此外，数字经济发展也有助于增加劳动力就业岗位，《中国数字经济发展与就业白皮书（2019）》数据显示，2018年中国数字经济领域就业岗位为1.91亿个，占当年总就业人数的25%，在现阶段人口就业压力激增时期，可通过发展数字经济以带动地区劳动力就业，减少摩擦性与结构性失业现象。

本课题基于戴维·罗默新经济增长理论中的研究与开发模型，将数字化信息及知识纳入企业生产与研发函数，通过资料收集整理中国2009～2018年31个省区市数据（不含港澳台地区），并选取数字宏观指数、基础设施指数、数字产业指数、行业融合指数与数字政府指数五个工具性变量测算各地区数字经济发展指数，利用普通面板模型与中介效应模型考察数字经济发展对各地区经济增长影响的直接效应与间接效应。通过理论模型与实证检验得到以下三点结论：①数字化信息及知识作为企业生产要素，当地区数字经济发展水平越高时，越有利于企业获取与运用更多的信息资源，通过提高企业生产率以提升企业产出水平。②各地区数字经济发展存在较大差异，长三角、珠三角与京津冀地区数字经济发展相对较快，而东北老工业基地及西部地区数字经济发展相对较慢，广东、北京、上海、江苏与浙江数字经济规模远超其他省份。③实证结果显示：数字经济发展会通过缓解要素市场相对扭曲程度与提升人力资本水平，进而促进地区中国经济高质量发展，该效应通过稳健性检验，且数字经济发展有助于提高城市与农村居民收入。进一步分析发现，各地区政府出台数字经济相关政策文件有利于促进数字经济发展。

第三章

数字经济对经济高质量发展的影响研究
——基于地级市面板数据的实证检验

改革开放以来，中国经济飞速发展，取得了举世瞩目的成就。但同时也存在一些潜在问题，区域发展不均衡、产业结构单一、资源不均衡等都影响着中国的经济社会发展，制约了经济增长的步伐。与此同时，数字经济却展现出蓬勃的生命力，它所产生的新型经济形态在激发消费活力、带动投资、促进就业、增强创新力与竞争力等方面发挥了重要作用，有助于现代化经济建设。党的十八大以来，中国对有关数字经济的发展战略进行了深入研究，颁布了一系列的政策部署，各地和有关部门高度重视、加强落实，数字经济发展实现跨越式增长。"数字中国"是党的二十大报告中提出的一项重大战略。要充分利用大数据和应用场景，推动数字技术与实体经济的深度结合，让传统的产业实现转型升级，让新的产业、业态、模式不断涌现出来，让我们的数字经济变得更加强大。2022 年 7 月，国务院批准建立由国家发展改革委牵头，中央网信办、工业和信息化部等 20 个部门组成的数字经济发展部际联席会议制度，强化国家层面数字经济战略实施的统筹协调。社会经济发展的过程，是一个经济系统更新的过程。社会经济系统中，核心生产要素不断发展，数字经济是继农业经济、工业经济之后全新的社会经济发展形态，也是当前世界经济创新发展的主流模式。

发展数字经济意义重大，是把握新一轮科技革命和产业变革新机遇的战略选择。当前，中国经济正面临需求收缩、供给冲击、预期转弱三重压力，如何把握机会，形成新的动能，促进经济高质量发展，是全社会共同关心的重大课题。当前，世界经济正处于深度调整的紧要关头，国际竞争日趋激烈。大力发展数字经济，促进高质量发展，这不仅给我们带来了巨大的机遇，同时也带来了许多新的挑战。

当前全球主要国家数字经济占国内生产总值（GDP）的比重持续提升，2022 年美国、中国、德国、日本、韩国等 5 个世界主要国家的数字经济总量为 31 万亿美元，数字经济占 GDP 比重为 58%，较 2016 年提升约 11 个百分点。数字经济规模同比增长 7.6%，高于 GDP 增速 5.4 个百分点。从国别看，2016~2022 年，美国、中国数字经济持续快速增长，数字经济规模分别增加 6.5 万亿美元、4.1 万亿美元；中国数字经济年均复合增长 14.2%，是同期美中德日韩 5 国数字经济总体年均复合增速的 1.6 倍。德国产业数字化占数字经济比重连续多年高于美中日韩 4 国，2022 年达到 92.1%。[①] 具体来看，全球各国加快推动数字经济重点领域发展，在数字技术与产业、产业数字化、数据要素等领域积极抢抓发展机遇。根据中国数字经济相关数据，目前中国的数字经济总量已跃居全球第二，带动了中国的经济和社会发展，并获得了令人瞩目的发展成绩，数字经济已成为拉动经济增长的强大动力。2022 年中国数字经济规模增长至 50.2 万亿元，占 GDP 的比重达到 41.5%，2023 年《中国经济高质量发展报告》显示，2022 年中国经济创新发展指数为 34.33，相对 2013 年的 23.23 上升了 47.60%，经济规模已超 120 万亿元，实现国民经济总量大突破。

近年来，随着以 5G、人工智能、物联网、大数据等为代表的新一代信息技术在各行业应用的深入推进，中国数字经济规模持续扩大，数字化、网络化、智能化水平不断提升，成为推动经济转型升级的新动能。数字技

[①] 中国信息通信研究院：2015~2023 年《中国数字经济发展与就业白皮书》。

术对经济发展和政府治理模式加速重构，数字技术与工业、教育、医疗等行业领域深度融合，并延伸出全新的应用场景。同时，数据已经成为新型生产关系里最具潜力的生产要素，不断推动技术、价值、模式的新发展，加快驱动产业、社会、治理的新变革，全面助力全社会生产关系的再重建。数字经济时代，中国作为世界上数字经济规模第二大的经济体，更应该在数字经济这一重点领域，着重研发芯片、云计算、大数据等具有先发优势的关键技术和引领未来发展的基础前沿数字技术，进而通过数字经济实现经济的转型升级和高质量发展。从长远来看，当前中国正在转向高质量发展的重要阶段，在此背景下深入研究数字经济对中国高质量发展的作用机理，既是加快中国产业发展、提升中国整体经济水平的需要，也是提升中国在世界舞台上话语权和影响力的需要。在这样的背景下，深入研究数字经济对中国高质量发展的作用机理具有重要意义。

本课题研究为完善数字经济与经济高质量发展指标体系的构建提供了参考。目前，国内外对于数字经济与经济高质量发展的指标体系还未形成统一的界定；本课题通过梳理国内外的相关文献，从数字基础设施、数字创新要素、数字经济需求、数字融合应用四个方面构建数字经济指标体系；从技术创新、生态环境、经济发展三个方面构建经济高质量发展指标体系，对完善数字经济与经济高质量发展指标体系内容具有一定的参考价值。

另外，本课题深入探讨了数字经济对经济高质量发展的影响机制，有助于丰富相关理论研究。中国经济由高速发展转向高质量发展，发展动力发生了改变，而数字经济作为支撑经济高质量发展的新引擎，在中国经济发展体系中占着举足轻重的作用。本课题将数字经济及其不同维度对经济高质量发展的影响机制进行详细梳理与总结，丰富了数字经济对经济高质量发展影响机制的理论研究，为日后相关研究提供了理论参考依据。

自 2008 年国际金融危机以来，数字经济已经成为促进全球经济复苏的重要驱动力，全球新冠疫情的不断反复，再次夯实了数字经济动力，不仅为传统产业转型升级带来新的契机，也为各国大力发展与 ICT 相关的信息技术核心产业，推动技术创新和升级带来了更高的要求。随着数字经济的蓬勃发展和规模壮大，要求规范复杂化的数字经济发展呼声更高。中国作为全球最大的发展中国家，正面临经济发展的压力，也处于产业结构调整升级、转变经济发展模式的关键时期；国外逆全球化的单边主义、贸易摩擦不断发生，使得中国在发展中依赖传统投资、出口拉动国内经济增长的压力增加，亟须探索经济发展新动能。数字经济新业态的快速发展，为中国解决严峻的国内外现实压力，推动经济高质量发展提供了新思路。数字经济的内涵是技术创新，因此其推动和赋能的核心信息技术产业新力量和激发传统产业潜能，就是一种高质量的经济增长，这也是中国追求的经济发展目标。因此，以数字经济助力中国经济高质量发展，具有非常重要的现实意义。

第一节 文献综述

为了准确探究数字经济对经济高质量发展的影响，本课题梳理了国内外相关文献，了解学者们的研究成果。通过归纳总结探讨数字经济、经济高质量发展内涵和测度方式等，进而为本课题探索数字经济对中国经济高质量发展影响的机制分析、路径探究、框架构建、模型选择和政策建议提供理论依据。

一、数字经济相关研究

（一）数字经济概念

关于数字经济的内涵，最早是"数字经济之父"唐·泰普斯科特（Don Tapscott）定义的，他认为电子商务具有良好的发展前景，是经济发展中不可忽视的存在，学者在此基础上提出以数字化信息、数字化知识为主体的数字经济内涵，并认为其并不局限于电子商务，同时也涵盖了各种伴随数字技术而产生的新型商务模式与活动。经济合作与发展组织（OECD，2014）基于生态层面定义了数字经济的范畴，即一种以数字技术为动力，在经济和社会各方面不断进行数字化变革的生态体系，它至少包含了大数据、物联网、人工智能和区块链。达尔曼等（Dahlman，2016）指出，数字技术及其伴随的应用正在重塑人类活动的整个领域，并以比以往技术创新浪潮更快的速度向全球拓展，数字经济可以用来实现包容性和可持续发展。

在 G20 杭州峰会上，数字经济也被赋予了新的含义，它将数字经济视为一种新的经济形态，将数字化的知识和信息作为主要生产因素，以数字技术创新为核心驱动力，以现代信息网络为重要载体，通过互联网技术与实体经济深度融合，可实现产业智能化、数字化的提升。宁朝山（2020）认为，数字经济是建立在互联网、大数据及相关技术创新和应用之上的新经济形态，是促进质量变革、效率变革和动力变革的新动能。申雅琛和吴睿（2022）认为，数字经济是一种以数据资源作为生产要素的新兴经济，由数字技术和信息技术深度融合而成。马玥（2022）提出，数字经济是经历社会制度变革与经济发展后产生的新形态，数字技术与传统产业深度融合、与文化创意加速重构、与经济治理结合发展，共同构成了数字经济新内涵，带动了产出增加、质量提升与高效治理。焦帅涛（2021）将数字经济内涵创新性定义为一种伴随着数字技术创新的新经济形态，其发展依赖于数字化基础的发展和完善，数字化应用的扩大和加深，数字化创新的加大和助力，数字化产业的变革和崛起，进而实现了全行业和全社会效率的变革和效益的提升。

（二）数字经济测度

关于数字经济发展水平测度，数字经济的定义界定在国内外还未形成统一标准。国内一些学者主要集中在数字经济规模及其增加值的计量上，而且计量方法和统计口径也有所差别，所得的数字经济规模也有较大差异。还有许多学者从多个维度测度数字经济发展指数，如数字基础设施、数字产业化、产业数字化等维度。张英浩等（2022）分别从数字基础设施、数字创新要素、数字经济需求和数字融合应用4个维度构建城市层面的数字经济评价体系。申雅琛等（2022）从产业数字化和数字产业化两个维度构建指标体系。其中产业数字化通过数字信息技术实现传统农业、工业和服务业的效率变革，以推动资源要素高效配置；数字产业化主要是将数字信息技术融入实体经济，使实体经济向高水平发展，激发实体经济活力，促进经济高质量发展。王娟娟等（2021）以数字经济的构成要素作为主体，建立了由数字基础、数字产业和数字环境构成的数字经济发展水平评估指标体系，对全国和各省的数字经济发展水平和长短板进行测算，以划分中国数字经济发展梯队。肖远飞等（2021）则从数字基础设施、知识支撑、数字生活、ICT企业数字化发展四个维度构建指标体系，并测算了中国数字经济发展水平。

（三）数字经济对经济社会的影响

数字经济对经济社会的影响体现在提升居民生活水平、缓解就业压力、提升资源利用率、保护环境等多个方面。德·梅尔等（De Mel, Mckenzie and Woodruff, 2008）认为数字经济融入到社会多个领域与层面，不仅可以增加国民的潜在就业机会，而且能够提升劳动市场供需动态匹配成功率，直接提高就业群体的整体收入水平，进而增强国民福利与成果获得感。汤姆森等（Thompson et al., 2014）深刻剖析了数字经济发展对数字科技创新的影响机理，指出生产者通过利用新型数字科技可以优化日常运行流程，改善资源配置结构，减少无谓损失与资源浪费，最终提升生产资源利用率。张鹏（2019）认为，数字经济在整个社会经济系统中的泛化渗透与普及应用有利于解决当前劳动力成本攀升、环境承载能力下降、稀缺性资源短缺、国际需求疲软等约束性问题，缓解未来经济发展下行压力，同时有助于转变经济增长动力、优化经济结构与转换传统经济发展模式，最终促进中国经济实现高质量发展。左鹏飞和陈静（2021）提出，数字经济实现了各类市场主体的广泛连接与密切协作，构建了以数据为关键生产要素的数字经济生态，具有发挥中国超大规模市场和内需潜力的天然技术优势；数字经济还能够倒逼产业开发新技术和应用创新，并广泛应用于医疗、教育、政务、消费等领域，在实践中释放出巨大创新红利。

二、经济高质量发展相关研究

（一）经济高质量发展概念

经济高质量发展是中国经济发展的最新指向，意味着经济发展要从过去单纯地追求数量逐渐转向追求质量。因此，深刻理解经济高质量发展的内涵具有重要现实意义。关于经济高质量发展的内涵。金碚（2018）认为，经济高质量发展是符合人民真正需求的经济发展模式。张军扩等（2019）认为，高质量发展是以满足人民日益增长的美好生活需要为目标的高效率、公平和绿色可持续的发展，是"五位一体"的协调发展。张鸿（2019）认为，经济高质量发展指的是经济体利用技术创新转换动力和发展机制，实现资源要素的高效配置，最终完成产品或服务在质量上的变革。高培勇（2019）指出，在评价经济高质量发展时，要以新发展理念为指导，提高今后经济发展的质量和效益。钞小静和薛志欣（2018）通过对中国经济历史发展的现实考察，从宏观、中观和微观三个层次，对中国经济高质量发展应遵循的"增长动力—经济产出—发展效率"三位一体路径展开研究。

（二）经济高质量发展测度

关于经济高质量发展水平测度，大多学者所采用的指标体系多从定义出发，具体分类各有不同。尼贝尔（Niebel，2018）和姆拉奇拉等（Mlachila et al.，2017）在关于发展中国家、新兴国家以及发达国家经济增长的研究中纳入信息和通信技术，并以高质量抽样方式否认信息技术能够推动这些国家实现跨越式增长。杨耀武（2021）从经济发展质量的定义出发，通过理论模型分析从经济成果分配、人力资本及其分布、经济效率与稳定性、自然资源与环境以及与经济发展密切相关的社会状况几个方面来加以构建指标体系。王晓红等（2021）从创新、协调、绿色、开放、共享五个维度构建经济高质量发展指标。宋洋（2020）从经济绩效、创新能力、协调发展、生态文明、生活水平和公共服务六个方面构建了经济高质量发展指标体系。马茹等（2019）指出，创新是第一动力、人才是第一资源，应充分利用创新与人才、加速新旧动能转换以建设高质量供给系统。李金昌等（2019）从"人民日益增长的美好生活需要"与"不平衡不充分的发展"的矛盾出发，构建了包含经济活力、创新效率、绿色发展、人民生活、社会和谐五个维度的评价指标体系。巫瑞等（2022）从经济效益、经济结构、民生福祉三个角度构建经济发展质量指标体系。袁野等（2023）选用非角度和非径向的超效率 SBM 模型（Slack Based Model）计算，运用包括期望产出和非期望产出的绿色全要素生产率来表示经济高质量发展。钞小静和任保平（2011）构建的经济增长质量体系包括：经济增长的结构、经济增长稳定性、福利变化与成果分配、资源利用和生态环境代价。师博等（2020）建立了中国省级经济高质量发展的综合评价指标体系，从包含经济增长的基本面和社会结果两个方面进行分析，以 1992～2016 年为时间跨度，研究中国省级经济高质量发展的动态演变与区域差异。

三、数字经济对经济高质量发展影响研究

（一）数字经济对经济高质量发展的直接影响

对于数字经济促进经济高质量发展的研究，现有文献多集中于研究数

字经济和经济高质量发展的关系，以及二者之间的作用机理和作用路径。莫尔顿（Moulton，1999）通过对资金投入的进一步细分，研究了计算机及有关产业的投入对经济增长的贡献，发现随着经济的发展，信息技术对经济增长的贡献率不断提高。师博（2020）认为，数字经济是一种以数字化知识与信息作为关键生产要素，它通过规模经济、范围经济、长尾效应等手段，在微观层面上形成较好供需匹配关系，改善经济均衡发展。荆文君、孙宝文（2019）从微观和宏观两个层面，探讨互联网等新兴技术如何促进经济高质量发展，认为数字经济的快速发展可以帮助中国建设更完善的现代化经济体制。李佳馨等（2022）指出，数字经济所具有的开源性、互动性和共享性等特点，使传统经济发展方式发生巨大变革；数字化技术的创新，必将催生新的经济活动规则。张勋等（2019）提出，在信息、大数据、云计算等创新技术的支持下，数字经济与数字金融能够进一步扩大金融的覆盖范围，减少对金融的约束，有利于家庭创业，并促进创业机会的均衡与包容性增长。王娟（2019）从要素配置和战略选择方面研究了数字经济促进中国经济高质量发展的机制。

左鹏飞等（2021）则是从经济运行系统、经济效率和经济创新力三个角度探讨数字经济对中国经济增长的影响和冲击，并提出了推动数字经济促进中国经济发展的相关建议。夏炎等（2018）指出，数字经济可通过优化消费结构、提高生产效率、推动智慧城市建设来推动经济高质量发展。宁朝山（2020）基于质量、效率、动力维度探讨数字经济推进经济高质量发展的机理，在以改进的"纵横向"拉开档次法测度两者发展水平基础上，实证检验其效应。王军（2023）指出，随着数字经济的发展，消费的供需两个方面都发生了变化，其在需求方面促进了居民的消费及国民经济的增长；在供给方面推动了产业结构的改造升级，催生新的数字消费模式，推动经济高质量发展。李辉（2019）从宏观、中观和微观层面对大数据推动经济高质量发展的理论机制进行了阐释；同时，从创新驱动、大数据基础设施等角度提出了促进中国经济高质量发展的对策。郭晗和廉玉妍（2020）指出在高质量发展时期，数据已作为一种新型生产要素，成为中国经济重要的发展动力。瓦利斯等（Wallis et al.，2018）发现数字经济发展有助于推动英国经济增长。萨瑟兰（Sutherland，2018）指出在发展数字经济的同时要加强数字经济监管，特别是信息安全方面。

（二）数字经济对经济高质量发展间接影响

陈昌盛等（2020）指出，利用数字经济可以促进产业的升级，加快各要素的信息化、网络化，实现经济高质量发展，给经济增长带来新动能，形成高效经济结构。陈昭等（2022）提出，数字经济通过提升产业结构的合理化和高级化来提升区域经济增长质量。张蕴萍等（2021）将人力资本水平和产业结构升级作为中介变量，验证其对于数字经济促进经济高质量发展的间接影响。部分学者将创业或创新作为中介变量，如赵涛等（2020）对数字经济推动创业活动进行综合评价，证实了创业活动对数字经济促进高质量发展具有路径影响，提出激发大众创业对于数字经济促进经济高质量发展起着重要中介作用。宋洋（2020）指出，数字经济能够推动经济高质量发展，并且通过技术创新间接促进经济增长。

曹建飞（2022）认为，数字经济能够扩散创新效应并使其广泛应用于各行各业，加速传统产业学习应用新技术、形成新业态，提高整体创新能力和资源分配的效率，促进经济的高质量发展。张英浩（2022）提出，数字经济可以通过提升地区创业和创新水平来推动地区经济高质量发展。还有一些学者将消费升级、经济结构等作为中介变量以验证其相关性，如葛和平和吴福象（2021）通过二部门模型测算，发现经济效率和经济结构是数字经济促进高质量发展的主要中介变量，并通过面板门槛回归对该假设进行了实证分析。李佳馨等（2022）从消费升级的"量"与"质"两个维度验证消费升级的中介作用，并进一步将其分解为消费水平和消费结构，通过实证分析发现数字经济可以通过促进消费结构优化来实现经济高质量发展。杨文溥（2022）通过实证检验发现数字经济可以通过拉动消费和促进生产效率提升的机制来推动经济实现高质量发展，其中消费水平、第二产业和第三产业生产效率的提升发挥了主要作用，而消费结构升级和第一产业生产效率提升的作用则不显著。

通过对文献的梳理，发现学术界关于数字经济促进经济高质量发展的研究成果较为丰富，从理论和实证等方面研究了二者之间的关系，但对于数字经济与经济高质量发展之间的作用机制以及不同维度的指标体系构建等层面上，仍有可挖掘的空间。到目前为止，国内外学者对于数字经济的概念并没有形成较为统一的定义，人们对其含义的认识也不尽相同。其主要原因在于，数字经济作为一种新型的社会经济发展模式，其复杂性较强，可供参考的研究范式相对单一。数字经济是一个正在演变的过程，它的内涵、外延都在不断地发展、完善；并且由于不同学者的出发点不同，在界定数字经济内涵时，重点也不太相同。在数据范围方面，学者们对省级层面研究较多，而地级市层面相关文献研究较少。

综上所述，本课题在借鉴前人研究成果的基础上，以中国274个地级市作为研究对象，选取2011~2021年面板数据构建数字经济和经济高质量发展评价指标体系，将产业结构高级化和产业结构合理化作为中介变量纳入分析范畴，不仅重点分析了数字经济对经济高质量发展的直接影响，还测度了产业结构高级化和产业结构合理化对经济高质量发展的间接促进效应，拓宽了数字经济推动经济高质量发展的中介变量范畴；并且通过区域异质性检验探讨了数字经济推动经济高质量发展在东部、中部和西部地区的作用差异，使结果更具可靠性，从而能够更有针对性地为推动经济高质量发展提供理论依据。

本课题创新点在以下三个方面：一是研究视角的创新。目前中国针对数字经济和经济高质量发展的指标体系还未统一，本课题将数字经济分为数字基础设施、数字产业发展、数字金融化三个维度，将经济高质量发展分为技术创新、生态环境、经济发展三个维度，丰富了二者的指标体系。利用熵值法更加全面精确地测算出中国数字经济发展动态现状和经济发展现状，对中国评价数字经济和高质量发展具有一定参考价值。二是研究对象的创新。当前数字经济和经济高质量发展的文献多为省级层面，而本课题采用地级市层面数据，样本数量更多，研究更具说服力与可靠性。三是研究机制的创新。通过双向固定效应和中介效应模型探究数字经济对经济高质量发展影响的直接机制和间接机制。将产业高级化与合理化作为中介变量，最终实证检验数字经济对经济高质量发展的直接促进作用，以及产业结构高级化与合理化在二者间发挥正向显著中介效应。此外还针对地级市进行东、中、西部地区划分，通过异质性分析发现中国地区间发展不均衡的现状，丰富了相关理论和实证研究，有助于提出针对性的政策建议。

第二节　中国数字经济与经济高质量发展现状分析

一、中国数字经济发展现状分析

（一）数字经济指标体系构建

当前专门对数字经济发展水平进行测度的文献比较匮乏，且大多集中于省级层面。本课题借鉴李宗显等（2021）、赵涛等（2020）、鲁玉秀等（2021）、张英浩等（2022）、袁野等（2023）的做法，整理出具有代表性的五篇文献中的数字经济指标体系，基于地级市层面数据的连续性和可获得性，从数字基础设施、信息产业发展、数字金融化三个层面构建指标体系，采用熵值法测度中国地级市数字经济发展水平。

数字基础设施：数字基础设施用于支持数字经济、数字社会和信息社会的发展。它包括各种硬件、软件、通信和网络设备，以及相关的服务和技术，旨在提供高速、可靠、安全和可持续的数字通信和信息处理能力。数字基础设施的发展对于推动经济增长、提高生活质量和实现创新至关重要。它为各个领域提供了数字化工具，促进了信息共享、自动化和智能化，是数字化社会的基石。本课题将每百人互联网用户数和每百人移动电话用户数作为衡量数字基础设施的指标。

信息产业发展：信息产业是指以信息技术为核心，以信息、数据、内容和服务形式构成的一类行业。它包括两个主要的行业：信息技术及设备制造业、信息服务业。随着数字化技术与传统行业的深度融合，以及各行业对信息应用的日益深化，信息产业的概念范畴也与时俱进，纳入了新闻媒体和通信等众多涉及信息的行业。大数据、物联网、云计算等新兴信息技术的成熟，使得信息的产生、聚集、存储、迭代等都发生了巨大变革，信息产业实力大幅增强，推动了经济增长、创新创业以及社会信息化进程。本课题以计算机服务和软件从业人员占城镇单位从业人员比例、人均电信业务总量来衡量信息产业发展。

数字金融化：数字金融是指利用互联网技术、大数据分析、云计算和人工智能等信息技术手段，将传统金融服务数字化并通过互联网进行交互，实现金融行业的信息化和智能化以提高金融服务效率和降低服务成本的一种金融模式。数字化金融的兴起，使金融服务变得更加方便、高效、普惠。数字金融有利于降低金融交易和服务的门槛，通过简化流程、提高效率和降低成本，满足了用户个性化、多样化和高效化的金融需求，促进了经济发展和社会进步。本课题以北京大学数字金融中心与蚂蚁集团对普惠金融的研究所得到的"北京大学数字普惠金融指数"作为数字金融化的指标。

考虑数据可得性及体系构建原则，从三个维度出发最终选取了 5 个指标来构建数字经济水平综合指标体系，具体指标选取如表 3 - 1 所示。

表 3 - 1   数字经济指标选取

一级指标	二级指标	指标定义	指标属性
数字经济	数字基础设施	每百人互联网用户数（户）	+
		每百人移动电话用户数（户）	+
	信息产业发展	计算机服务和软件从业人员占城镇单位从业人员比例（%）	+
		人均电信业务总量（元）	+
	数字金融化	中国数字普惠金融指数	+

资料来源：根据历年《中国城市统计年鉴》与北京大学数字普惠金融指数整理。

（二）指标测算方法

本课题根据熵值法测算 2011～2021 年中国地级市数字经济水平综合指标，具体测算方法如下：

第一步，数据标准化。由于在构建的数字经济指标体系中，所选指标的量纲和数量级存在差异，所以首先需要对数据进行无量纲化处理。利用极差法对数据进行标准化处理。

$$\text{正向指标：} x'_{tij} = \frac{x_{tij} - \min(x_{tij})}{\max(x_{tij}) - \min(x_{tij})} \qquad (3-1)$$

$$\text{负向指标：} x'_{tij} = \frac{\max(x_{tij}) - x_{tij}}{\max(x_{tij}) - \min(x_{tij})} \qquad (3-2)$$

其中，t 为时间，i 为省份，j 为指标，x_{tij} 为第 t 年第 i 个省份第 j 项的指标值，x'_{tij} 为标准化值。

第二步，确定 x_{tij} 的权重 p_{ij}（m 表示年份数，n 表示总地级市个数）。

$$p_{tij} = \frac{x'_{tij}}{\sum\limits_{t=1}^{m} \sum\limits_{i=1}^{n} x'_{tij}} \qquad (3-3)$$

第三步，计算第 j 个指标包含的信息熵 e_j（t 表示年份数，n 表示省份数，m 表示选取的总指标数）。

$$e_j = - k \sum_{i=1}^{n} p_{ij} \ln p_{ij}, \text{其中} k = \frac{1}{\ln m} \tag{3-4}$$

第四步，计算差异系数 g_j。

$$g_j = 1 - e_j \tag{3-5}$$

第五步，给指标赋权，定义权重 w_j。

$$w_j = \frac{g_j}{\sum_{j=1}^{n} g_j} \tag{3-6}$$

通过权重计算样本评价值，带入原始数据计算各省数字经济发展水平的分年份综合得分 $F_{ti} = \sum w_j x'_{tij}$。

（三）数字经济发展现状

当前，新一轮科技革命和产业变革深入发展，数字化转型已经成为大势所趋，受内外部多重因素影响，中国数字经济发展面临的形势正在发生深刻变化。发展数字经济是把握新一轮科技革命和产业变革新机遇的战略选择。数字经济是数字时代国家综合实力的重要体现，是构建现代化经济体系的重要引擎。世界主要国家均高度重视发展数字经济，纷纷出台战略规划，采取各种举措打造竞争新优势，重塑数字时代的国际新格局。党的二十大报告提出"加快发展数字经济，促进数字经济和实体经济深度融合，打造具有国际竞争力的数字产业集群"，并对数字产业发展作出重要部署，为中国数字经济向纵深发展指明了方向。

近年来数字经济的发展程度与效率不断提高，已成为拉动经济发展的强大动力，同时对产业结构升级、企业数字化转型形成外部压力，对中国的产业渗透率及对经济作出重要贡献。中国数字经济实现了更高质量发展，进一步向做强做优做大的方向迈进，表现在：首先，整体实现量的合理增长，数字经济规模首次突破50万亿元。2022年，面对经济新的下行压力，各级政府、各类企业纷纷把发展数字经济作为培育经济增长新动能、抢抓发展新机遇的重要路径和手段，数字经济发展活力持续释放。自 2017 年到 2022 年，中国数字经济规模从 27.2 万亿元增长至 50.2 万亿元，年均复合增长率为 13.0%，占 GDP 的比重从 32.9% 提升至 41.5%，中国数字经济规模持续做大。其次，在国民经济中的地位更加稳固。数字经济占 GDP 比重进一步提升，超过四成，占比达到 41.5%，这一比重相当于第二产业占国民经济的比重（2022 年，中国第二产业占 GDP 比重为 39.9%），数字经济作为国民经济的重要支柱地位更加凸显。最后，数字经济持续保持高位增长。2022 年，中国新冠疫情防控取得重大胜利，经济发展环境得到改善，国内生产总值同比名义增长 5.3%。在此背景下，中国数字经济维持高位运行，2022 年，数字经济同比名义增长 10.3%，高于 GDP 名义增速 4.98 个百分点。自 2012 年以来，中国数字经济增速已连续 11 年显著高于 GDP 增速，数字经济持续发挥经济"稳定器""加速器"作用。①

具体来看，互联网和相关服务业调整发展，注重研发投入。2022 年，中国规模以上互联网和相关服务企业完成互联网业务收入 1.5 万亿元，同比下降 1.1%。研发投入持续增加，共投入研发经费 771.8 亿元，同比增长 7.7%，增速较上年提高 2.7 个百分点。电信业平稳向好，新业务增势突出。2022 年电信业务收入累计完成 1.58 万亿元，比上年增长 8%，与上年基本持平。数据中心、云计算、大数据、物联网等新兴业务快速发展，2022 年共完成业务收入 3072 亿元，比上年增长 32.4%，在电信业务收入中占比由上年的 16.1% 提升至 19.4%。软件和信息技术服务业收入跃上十万亿元台阶。2022 年，全国软件和信息技术服务业规模以上企业超 3.5 万家，累计完成软件业务收入达 10.8 万亿元，同比增长 11.2%，增速较上年同期回落 6.5 个百分点。根据 2023 年 5 月份数据，中国数字金融市场规模达到 41.7 万亿元人民币（约合 6.5 万亿美元），占全球数字金融市场规模的 15.6%，位居全球第一。中国数字金融用户规模达到 9.6 亿人，占总

---

① 中国信息通信研究院：2015～2023 年《中国数字经济发展与就业白皮书》。

人口的 68.6%，其中第三方支付、网络借贷、众筹、网络保险、网络基金、网络信托等各个细分领域都呈现出快速增长的态势。[①]

我们对本课题计算的各年份各城市的数字经济综合得分取平均值来衡量中国各年份数字经济发展水平。根据测算的经济高质量发展的得分，2011～2021 年中国数字经济得分由 0.1209 上升到 0.3332，数字经济发展水平一直处于上升趋势。可以预期未来数字经济的总体规模还将继续扩大，在国民经济中的比重日益上升。

二、中国经济高质量发展现状分析

（一）经济高质量发展指标体系构建

关于经济高质量发展水平测算方法，包括狭义测算法与广义测算法，前者是基于效率提升，变动等单个指标测算，容易造成测算结果偏差；后者是基于多维视角，通过构建不同层面的指标体系来对经济发展水平进行全面评估。其中产业结构、生态效益、创新、协调、绿色、开放、共享等角度成为学者们选取测度指标的重要基础。熵值法、主成分分析法、网络加权随机块模型和线性加权法是目前普遍采用的测度方法。

鉴于数据可获取性，本课题参考宋洋等（2022）、赵涛等（2020）、王军等（2023）、赵放等（2022）、张英浩等（2022）文献，并列举出具有代表性的经济高质量发展指标体系，构建由技术创新、生态环境、经济发展三个维度，7 个子指标构成的多维评价体系（如表 3 - 2 所示），采用熵值法对 274 个地级市的经济高质量发展水平进行了测算，所得指数表示为 hq。

---

① 《中国统计年鉴》与中央政府工作报告。

表 3 – 2   经济高质量指标选取

一级指标	二级指标	三级指标	指标定义
经济高质量发展	技术创新	专利授权数（件）	+
	生态环境	二氧化硫排放量（吨）	–
		工业固废综合利用率（%）	+
		PM2.5（$\mu g/m^3$）	–
	经济发展	人均 GDP（元）	+
		人均教育经费支出（元/人）	+
		人均医院床位数（张/人）	+

资料来源：《中国城市统计年鉴》、PM2.5 数据源于哥伦比亚大学国际地球科学信息网络中心（http：//beta. sedac. ciesin. columbia. edu/），并利用 ArcGIS 10.2 提取各城市 PM2.5 浓度数据。

二级指标包括：

（1）技术创新。一个城市的创新水平对于其经济发展具有至关重要的意义，没有创新就没有进步。各类创新水平中，技术创新对于经济的影响最直接，作为创新水平的指标极具有代表性。目前，中国的经济正处于转向高质量发展阶段，需要通过创新来重塑内在的增长动力，把创新驱动作为一种新的经济发展助推模式，充分发挥科技创新对于经济的促进作用，促进科技成果向生产成果转化，促进产学研结合发展。本课题选用专利授权数作为衡量技术创新的指标。

（2）生态环境。良好的生态环境不仅对经济高质量发展至关重要，而且也是取得成果的重要表现。学者们常用工业废水排放达标率、PM2.5 等来体现城市环境规制及环境治理成果。综合考虑数据可获得性和连续性等因素，本研究选取二氧化硫排放量、工业固废综合利用率、PM2.5 三个指标对城市层面生态环境水平进行度量。

（3）经济发展。经济发展效率是衡量经济高质量发展的核心标准，也是经济持续发展的重要保障。只有不断提高经济发展效率，才能实现经济高质量发展。经济发展的根本目的是使人民生活水平得到改善，实现共同富裕。因此，必须将人民群众的居民生活水平变化作为经济高质量发展的重要评判指标，即衡量发展成果的共享、人民福祉是否得到改善等。除此之外，教育水平、医疗水平等也是经济发展的重要衡量指标，因此此处将经济发展作为二级指标，人均 GDP、人均教育经费支出、人均医院床位数作为三级指标。其中，人口基数化的口径为城市常住人口。

（二）经济高质量发展现状

面对国际政治动荡、全球主要经济体货币政策转向、极端高温天气等多重因素的冲击，以及发展环境的复杂性、严峻性、不确定性上升，党中央深刻洞察国际国内大局大势，始终坚持稳字当头、稳中求进，引领中国经济大船沿着高质量发展航道破浪向前。中国在外部环境错综复杂、形势严峻的情况下，顶住了外部压力，克服了国内困难，实现了经济快速增长与高质量发展。财政政策和货币政策精准有力，在发展产业政策的同时兼顾安全，科技政策注重自立自强，社会政策守住了民生底线。所有的政策相互配合，企业积极性得到充分调动，使经济发展的内生动力得到充分激发，有效提升了国家经济高质量发展水平。当前中国的经济已经从高速增长期进入到了高质量发展时期。高质量发展包含了量变和质变两个方面。进入 21 世纪，中国经济在量变的同时也在发生质变，朝着形态更高级、分工更优化、结构更合理的方向加速演进，这是一种更高质量、更有效率、更加公平、更可持续、更为安全的发展方式。

2023 年 12 月，中国市场经济研究会举办了有关新时代全面深化改革的研讨会，会议发布了《中国经济高质量发展报告》。该报告构建了"中国经济创新发展评价指数"，并利用统计数据，对新时代十年以来全国和各地区创新发展水平进行了测算。结果显示，2022 年，中国经济创新发展指数为 34.33，相较 2013 年的 23.23 上升了 47.60%。在 3 个二级指数中，制度与环境指数提高39.57%，资源与投入指数提高 67.70%，产出与效益指数提高 45.69%。从各地区的情况来看，经济发达地区的经济创新发展指数总体高于经济欠发达地区，而且地区之间在创新发展水平上的差距并未呈现明显的收敛趋势。2022 年中国经济年报中显示中国经济规模已超 120 万亿元，这是继 2020 年、2021 年连续突破 100 万亿元、110 万亿元之后，国民经济总量又一次突破。①

　　根据上文提出的指标体系测算权重，通过熵值法进行综合评价测算，得到中国各省经济高质量发展水平。根据测算的经济高质量发展的得分，2011～2021 年，中国经济高质量发展得分由 0.0484 上升到 0.0955，2011～2016 年平稳上升，但在 2017 年有所降低，从整体来看，中国经济高质量发展水平基本呈逐年上升的趋势，可见中国经济高质量发展取得良好成效，拥有很大提升空间。

三、中国数字经济与经济高质量发展相关分析

　　根据上文得出的中国各年数字经济与经济高质量发展水平数据，进一步分析中国数字经济与经济高质量发展水平组合趋势。通过数据分析可以看出数字经济与经济高质量发展呈现正相关关系，也为后文研究二者的协同机制奠定了基础。同时，对 274 个地级市的数字经济与经济高质量发展水平分别进行计算，研究其区域差异性。表 3－3 分别列举了 2011～2021 年中国 274 个地级市的数字经济与经济高质量发展水平的前 15 名与后 15 名。可以看到，杭州、深圳、南京、广州、西安、武汉、苏州的数字经济与经济高质量发展水平始终位于中国前列，且省会城市发展更好；周口、昭通、阜阳等地发展较落后。整体来看，地区间数字经济与经济高质量发展水平差异较大，东部尤其是东部沿海地区发展水平更高，西部较为落后原因可能是东部地区创新能力强、数字经济发展迅速、产业发展相对完善，对算力的需求量大，数据中心建设相对密集，吸引相应的资金、人才和技术在东部不断聚集，西部地区数字产业欠发达，人才、资金投入短缺的现象日益严重。省内同样存在区域差异大的现象，原因可能是产业分布不均，教育、医疗等资源不平衡，省内应积极推动城市间的交流与合作，让每一个城市都能够享受到发展的成果。

----

　　① 数据来源：中国经济年报、中央政府工作报告。

表 3 – 3　　　　　　　2011~2021 年部分地级市数字经济综合指数

项目	地区	排名	均值	项目	地区	排名	均值
数字经济	珠海	1	0.423013673	经济高质量发展	深圳	1	0.375036455
	杭州	2	0.385023782		苏州	2	0.302308045
	深圳	3	0.381958627		广州	3	0.263517673
	南京	4	0.380542164		杭州	4	0.225844391
	广州	5	0.370017991		宁波	5	0.196142891
	厦门	6	0.3651286		无锡	6	0.190883755
	郑州	7	0.3607915		成都	7	0.182029673
	西安	8	0.350967555		南京	8	0.1801099
	大连	9	0.336381855		东莞	9	0.173517036
	济南	10	0.333044809		佛山	10	0.171582255
	呼和浩特	11	0.329547409		武汉	11	0.158943055
	武汉	12	0.320092109		青岛	12	0.150005091
	西宁	13	0.319424991		常州	13	0.135727873
	银川	14	0.319355027		西安	14	0.135032545
	苏州	15	0.308230582		长沙	15	0.134548755
	阜阳	260	0.196969327		铁岭	260	0.044061082
	巴中	261	0.196913455		来宾	261	0.043925236
	保山	262	0.196561318		荆州	262	0.043817845
	亳州	263	0.196313391		河池	263	0.043680991
	曲靖	264	0.195956327		商丘	264	0.043119409
	玉林	265	0.195316018		吕梁	265	0.0430433
	周口	266	0.194912964		天水	266	0.042840491
	驻马店	267	0.193967209		贺州	267	0.042791727
	永州	268	0.193850318		贵港	268	0.041816582
	邵阳	269	0.193556245		周口	269	0.041747264
	钦州	270	0.192304764		衡水	270	0.041347245
	达州	271	0.188532664		宿州	271	0.041156973
	绥化	272	0.182714145		昭通	272	0.040843545
	毕节	273	0.1815799		亳州	273	0.040685509
	昭通	274	0.178304882		绥化	274	0.040432827

资料来源：根据前文测算的数字经济与经济高质量发展指标所得。

本节主要分析了数字经济与经济高质量发展的现状。首先根据已有文献构建相关的指标体系，采用熵值法测度数字经济与经济高质量发展水平；同时生成水平组合趋势图，并通过数据测度分析区域差异性。从分析结果来看：2011～2021年中国数字经济与经济高质量发展水平均逐年上升，规模不断扩大，发展迅速，而且根据趋势可知数字经济与经济高质量发展存在正相关性。分区域来看，不同城市数字经济与经济高质量发展水平均差异较大，其中东部尤其是沿海地区发展较快，西部较弱；省内同样存在发展不均衡的情况。综上所述，本章较为详细地分析了中国数字经济与经济高质量发展现状，为下一节验证数字经济与经济高质量发展的关系奠定了基础。

第三节　数字经济驱动经济高质量发展的机理分析

一、数字经济对经济高质量发展的直接影响效应

首先，数字经济的发展有利于拉动内需。数字经济为用户提供了多样化的应用平台和丰富的消费场景，激发了消费者的消费潜能，形成新的消费需求。数字化应用的普及推动了服务业的发展，突破了传统消费市场时空限制，为消费者提供了多元化的消费选择与购买渠道，同时也减少了买卖双方之间的信息不对称。利用数字信息平台，用户可以及时获得产品资讯，减少信息搜索产品的成本。数字经济可以让消费者以更低的成本找到性价比更高的产品，从而做出理性的购买决策，对拉动内需也有很大帮助（杨文溥，2022）。另外，数字技术的不断深入使企业能够着眼于消费者个人需求开拓市场，调整预期偏差，让消费者得到多样化产品及服务，同时也能促进消费者的在线消费习惯的养成，优化消费结构。电商平台还可以通过分析顾客的消费历史，发掘顾客潜在的需求偏好，根据顾客的需求偏好，

为顾客提供更好的消费体验。通过激发市场需求，推动经济高质量发展。

其次，数字经济的发展有利于优化资源配置。优化资源配置是实现经济高质量发展的必然要求。随着数字化技术的深入，要素市场与产品市场对资源的配置能力得到提高。数字经济发挥替代效应代替其他要素资本，改变资源配置情况，降低对传统要素的依赖，有利于要素资源的合理配置，减少资源浪费的现象（赵放等，2022）。一方面，数字化平台推动要素流动机制重塑，加快线上线下资源整合，显著提升了要素市场的资源配置效率。例如，利用数字化技术，可以减少市场搜索、议价、信息交流、运营等成本，推动资本与劳动力的跨区域流动，提升资本与劳动力市场的匹配效率。与此同时，随着数字经济的发展，越来越多的劳动力进入到技术密集型岗位，选择更加灵活的工作环境，有效改善了就业环境。实际上城市财政能力和相应的人力资本储备都是有限的，因此中国的公共服务供给存在着一定程度上的不均衡，而数字技术实现了公共服务信息的复制与传递，人工智能使工作便捷化，打破了人才短缺的限制；大数据还可以为政府整合多方信息，进行合理的公共服务布局（师博，2020）。另一方面，互联网作为数字经济的载体，加速了经济市场中供需两方的匹配，有效化解了传统经济市场生产者与消费者分离的尴尬局面，减少了企业和消费者由于信息不流通产生的额外成本，加速经济发展从效率驱动逐步转向更高水平创新驱动，推动经济高质量发展。

再次，数字经济的发展有利于中国的绿色转型。数字经济对于环境的破坏相对较小，其快速发展有利于新兴产业对于传统的污染企业的取代，减轻行业加工等方面造成的环境污染。数字经济的知识溢出效应能倒逼产业体系内部的制造成本优化及降低，增强与外部环境的联动和响应能力，从而达到技术创新过程中生态环境治理与资源保护的目标。数字经济能够借助数字技术构建数字平台，完善数字化基础设施、人才供给等，实现数字技术和传统产业链的高度结合，催生新能源技术和低碳技术，推动产业结构转型升级和民众环保意识的增强以及绿色经济的发展。数字经济和绿色产业的结合，为中国实现碳中和提供了重要的支撑。数字化经济能够提升资源利用效率，减少碳排放量，共享单车和网约车等共享商品的出现，有利于增强公众共享意识，促进更多的绿色、低碳出行模式的推广。随着数字技术的革新与推广，对碳排放的追踪、监测与监管更为便捷，对于推动碳交易与定价具有重要意义。在数字经济的今天，新媒体和自媒体已经成为了一种主要的信息传递途径，它们对绿色发展的理念和实践进行了积极的宣传，可以帮助消费者提高自己的节能环保意识，促进其绿色消费，有利于"双碳"目标的实现，推动经济高质量发展。

最后，数字经济有利于实体经济的发展。数字经济发展提供了企业开展线上虚拟和线下实体融合的双向运营机制，只要能接入互联网便可低成本地共享、学习来自全世界的优质资源和信息（鲁玉秀等，2021）。党的十九大报告提出，要以实体经济为重点，构建现代化经济体制。实体经济的发展壮大必须依靠科技创新和制度变革，以科技创新和制度变革来促进实体经济的高质量发展。目前，在新一轮的科技革命和产业变革的背景下，数字技术不断发展，数字经济作为全要素数字化转型的主要驱动力量，已逐渐成为拉动经济增长的重要引擎。促进数字经济和实体经济的深度结合，让它成为促进经济发展质量、效率、动力变革的主要动力，同时也是促进经济高质量发展的关键所在。数字经济不是独立的，它在其发展进程中与实体经济不断融合，对帮助传统产业结构转型、优化产业布局、变革生产方式、提升政府服务能力及社会治理水平、改善居民生活以及其他与国民生活密切相关的各个方面都起到了至关重要的作用。数字经济和实体经济的融合发展，对于经济发展具有积极的影响。

假说3-1： 数字经济对经济高质量发展具有显著正向作用。

二、数字经济对经济高质量发展的间接影响效应

（一）数字经济通过产业结构优化促进经济高质量发展

数字经济的发展促进产业结构优化升级，产业结构优化也是实现经济

发展的必由之路。数字经济通过提升产业效率、促进产业转型升级赋能经济高质量发展（赵放等，2022）。而数字化技术的应用，最终会渗透到各产业中，促使城市产业结构与数字技术的融合。因而，产业结构升级能够增强数字经济对于经济高质量发展的驱动作用。随着数字经济的飞速发展，新技术、新模式和新业态层出不穷，推动中国产业结构转型升级。利用数字经济带来的新资源，提升产业竞争力，促进新兴产业的发展，提升产业水平。不仅如此，数字经济还可以优化生产水平，引起产业结构的调整与优化，最终影响就业结构走向高水平，带动经济高质量发展。一般认为产业结构优化包括两个层面：产业结构的高级化和产业结构合理化，二者分别构成产业结构的"量"与"质"两个维度。从作用机理上讲，数字经济的作用方式是通过对产品的供给、需求两个方面实现的。在生产方面，数字经济对传统工业进行赋能，使行业生产效率得到提升，并加速传统工业的数字化改造升级；在需求方面，在电子商务、移动支付、共享经济等方面，数字经济为电子商务、共享经济等带来大量新平台，使消费模式更加智能化，直接推动传统产业转型升级。

产业结构合理化和高级化进程对经济增长的影响具有明显的阶段性特征，产业结构合理化与经济增长之间的关系具有较强的稳定性，高级化则表现出较大的不确定性（干春晖等，2011）。产业结构高级化是指产业结构由低层次向高层次转变的过程，其内涵除配第-克拉克定律所说的第二、第三产业所占比重不断增加外，还包含了从劳动密集型转向资本、技术密集型，延伸产业链，加工升级制造初级产品产业。产业结构合理化是指产业结构间关联性增强，它的水平越高，说明行业之间的协调性就会越强，说明资源得到有效利用。过去学者们往往把重点放在了产业结构高级化上，只注重第二、第三产业特别是服务业的比重，而忽略了代表三次产业间协调匹配度的产业结构合理化。如果仅仅推动产业结构高级化而忽视产业结构合理化，将阻碍经济的长期发展。因此本研究拟从产业结构的高级化和合理化两个方面对其作用机理进行研究。

（二）数字经济通过产业结构高级化促进经济高质量发展

数字经济通过数据要素的流动、共享、交易和开放，实现数据资源的有效配置，提高数据资源的利用效率和价值创造能力，将极大促进新产业、新业态和新模式创新，促进产业结构高级化。新一代数字化技术的广泛运用，降低了市场信息不对称性，促进了要素资源的合理分配，增强了行业之间的关联度与协调性，从而促进各个行业的结构与就业结构的升级。数据要素是数字经济的核心要素，也是产业结构升级的关键要素。数字经济通过与实体经济深度融合，引导传统产业优化生产效率，推动了传统产业向高级化方向演变（陈兵等，2021）。数据要素的流动、共享、交易和开放，可以打破数据"孤岛"，实现数据的跨界、跨域、跨行业的融合和创新，激发数据的价值潜力，促进新产业、新业态、新模式的诞生和发展，推动产业结构向技术含量更高、附加值更大的方向演进。

数字经济作为一种新经济形态，通过推动其在全产业链研发、生产、推广、物流等环节的充分应用和价值提升，从而驱动产业结构向价值链中高端攀升，有利于开拓产业发展新空间和催生产业发展新领域，成为经济平稳增长的引擎和驱动力（张于喆，2018）。数字经济在产业中融合度高、参与度高，渗透性强，可以提升产品在设计、生产、销售等环节的效率。数字经济与三次产业的高度融合加快了产业数字化转型，进一步优化传统产业空间布局与资源配置，利用数据实现产业链的互通共享，促进产业结构高级化。工业化时代推动了产业结构高级化，工业结构的转型升级的步伐也在不断地加快。把第一、第二、第三产业的生产要素转移到第二、第三产业中，使各个部门之间的生产要素效率不断均衡；同时，社会分工趋向专业化，创新能力增强，资源配置效率提升，实现经济增量与质量的突破，推动经济高质量发展。产业结构的高级化是产业结构从低层次向高层次的演进，即生产效率高的产业会逐渐替代生产效率低的产业，并在产业结构中占据主导性地位。在市场中，生产效率高的企业会面临更严峻的市场竞争，更接近前沿的技术，短期内企业会加大资本投入，以形成自身资本积累，促进自身发展；而在长期，企业会投入资本，通过技术的创新、管理制度的创新等促进企业的经济增长，从而促进经济高质量发展。从整体上看，产业结构高级化可以有效增加就业，扩大消费，聚集生产要素和提高全要素生产率等，对于经济高质量发展都有显著促进作用。

假说 3 - 2：数字经济通过促进产业结构高级化推动经济高质量发展。

(三) 数字经济通过产业结构合理化促进经济高质量发展

数字经济通过推进数字化转型，实现经济社会各领域和各主体的数字化改造和创新，提高经济社会的平衡性和协调性，促进产业结构合理化。通过数字技术，可以让传统行业的生产流程更智能，采用有利于整体效益的生产方式，最大限度地减少生产时间，优化生产成本，提升企业的经营和生产效率。数字经济基于信息网络优势，优化产业间协同效率，提升生产端与消费端匹配程度，有利于各产业形成专业化分工，推动产业结构合理化 (陈兵等, 2021)。大数据和物联网等技术的运用，也使各个生产部门的联系更紧密，提高生产各部门整体协调度。数字化转型是数字经济的核心过程，可以优化产业结构。数字化转型覆盖范围广，包括工业、农业和社会治理等各个方面，可以实现各产业之间的互联互通、互补互助、协同发展，提升产业结构多样性和协调性。数字化转型的主体多元化，包括了政府、企业、社会组织、个人等各个层面，可以实现各主体之间的信息共享、资源配置、利益协商、价值创造，提高产业结构的效率和公平。数字化转型的深度推进，可以促进产业结构更加适应市场需求、资源禀赋、环境容量、区域特色等客观条件，以及更加符合国家战略、社会目标、民生需求等主观愿望，实现产业结构的优化和升级。通过对传统产业的数字化改造和信息化处理，增强了各产业之间的协调性，进而提高了产业结构的合理化程度。

产业结构合理化能使整个经济的运行保持顺畅、高效和快速。它有利于充分发挥本国资源优势，发挥生产要素的最佳组合，提高投入产出的效果，促进国民经济的发展和提高竞争力。产业结构合理化使资源得到有效配置，促进生产要素在部门间的流动，提高边际生产率，推动经济增长。在经济改革的进程中，随着资本积累、制度演化和地区流动性的提高，增强了要素流动性，在此基础上的产业结构合理化进程能够促进经济高质量增长，同时缓解经济波动带来的负面影响（干春晖等，2011）。再加上数字经济的发展使城乡经济循环更加畅通，打破了城市和农村的空间壁垒，促进商品、技术等要素自由流通。通过发展数字经济，增加农户收入，减少城乡居民收入差异，实现产业结构合理调整，推动经济增长。随着产业的发展，大量的剩余劳动力转移到生产效率和报酬更高的部门。生产效率的提高和劳动报酬的增加使城乡居民的收入差距也随之减小。产业结构合理化有利于提高生产率、改善资源配置效率、促进各行业之间的融合。单纯的初级农产品生产已经不再是农村居民收入的主要来源，而农产品加工、农业旅游等发展方式让农民的收入更加多元化，从而推动了经济的高质量发展。

假说 3 - 3：数字经济通过促进产业结构合理化推动经济高质量发展。

本节主要分析了数字经济对经济高质量发展的作用机制。在直接影响机制中，数字经济通过激发消费者的消费潜能，形成新的消费需求，让消费者得到多样化产品及服务，优化消费结构；通过优化资源配置，提升资本与劳动力市场的匹配效率，使经济发展从效率驱动逐步转向更高水平的创新驱动；通过节能减排，促进绿色消费，有利于"双碳"目标的实现；通过与实体经济的深度结合，让实体经济成为促进经济发展质量、效率、动力变革的主要动力，最终促进经济高质量发展。在间接影响机制中，数字经济与三次产业的高度融合加快了产业数字化转型，优化传统产业空间布局与资源配置，促进产业结构高级化，从而增加就业、扩大消费、聚集生产要素和提高全要素生产率等，对于经济高质量发展有显著促进作用；数字经济还通过推进数字化转型，提高经济社会的平衡性和协调性，促进产业结构合理化，减少城乡居民收入差异，推动经济高质量发展。

第四节　数字经济对经济高质量发展的实证检验

一、模型设定

为了探究数字经济对经济高质量发展的直接影响机制，本课题建立了以下基本模型：

$$hq_{i,t} = \alpha_0 + \alpha_1 dig_{i,t} + \alpha_2 X_{i,t} + \mu_i + \delta_t + \varepsilon_{i,t} \qquad (3-7)$$

其中，i 表示省份，t 表示年份，$hq_{i,t}$ 代表省份 i 在 t 年的经济高质量发展水平，$dig_{i,t}$ 代表省份 i 在 t 年的数字经济发展水平，$X_{i,t}$ 表示控制变量的集合。μ_i 是不随时间变化的个体地级市固定效应，δ_t 是控制时间的固定效应，$\varepsilon_{i,t}$ 是本研究随机误差项，α_0 为截距项；α_1 是数字经济的回归系数；α_2 是控制变量的回归系数。

除式（3-7）反映的直接影响外，为了探讨数字经济对经济高质量发展的影响机理，本课题在前面研究的基础上，考察了产业结构高级化与产业结构合理化在两者之间是否为中介变量。具体的检验步骤如下：首先，数字经济发展指数 $dig_{i,t}$ 对于高质量发展指数 $hq_{i,t}$ 的作用正向且显著，即在模型（3-7）的系数 α_1 显著通过检验的前提下，分别构建 $dig_{i,t}$ 对于中介变量产业结构高级化 $indh_{i,t}$ 和产业结构合理化 $indr_{i,t}$ 的线性回归方程。其次，构建数字经济指数 $dig_{i,t}$ 与中介变量 $indh_{i,t}$ 和 $indr_{i,t}$ 分别对经济高质量发展指数 $hq_{i,t}$ 的回归方程，通过 β_1、γ_1 和 γ_2 等回归系数的显著性判断 $indh_{i,t}$ 和 $indr_{i,t}$ 是否在数字经济与经济高质量发展中发挥中介作用。以上回归模型的具体形式设定如下：

$$indh_{i,t} = \beta_0 + \beta_1 dig_{i,t} + \alpha_2 X_{i,t} + \mu_i + \delta_t + \varepsilon_{i,t} \qquad (3-8)$$

$$hq_{i,t} = \gamma_0 + \gamma_1 dig_{i,t} + \gamma_2 indh_{i,t} + \alpha_2 X_{i,t} + \mu_i + \delta_t + \varepsilon_{i,t} \qquad (3-9)$$

$$indr_{i,t} = \beta_0 + \beta_1 dig_{i,t} + \alpha_2 X_{i,t} + \mu_i + \delta_t + \varepsilon_{i,t} \qquad (3-10)$$

$$hq_{i,t} = \gamma_0 + \gamma_1 dig_{i,t} + \gamma_2 indr_{i,t} + \alpha_2 X_{i,t} + \mu_i + \delta_t + \varepsilon_{i,t} \qquad (3-11)$$

二、变量测度与数据说明

本课题选取了中国 274 个地级市在 2011～2021 年的面板数据，这些数据来源于 CNRDS 数据库、EPS 数据平台、《中国城市统计年鉴》以及一些地级市的统计年鉴及统计公报，对于行政区划调整和数据缺失较多的地级市如嘉峪关和拉萨等进行了剔除。为了弥补部分地级市样本缺失的情况，本课题采用线性插值法对相邻年份的数据进行补齐。

被解释变量：经济高质量发展指数（hq）。

解释变量：数字经济指数（dig）。

中介变量指标选择：产业结构高级化（$indh$）：产业结构高级化标志着一个国家的经济发展水平和发展阶段、方向，体现为产业结构从低水平状态向更合理、更高水平的动态转变。在这个过程中，一个国家或地区的生产要素投入结构发生变化，从而使其产品市场价格发生变动，导致产出增加，这就是产业结构高级化。一般情况下，我们可以通过比较不同产业之间的相对规模变化，来评估产业结构的升级程度。本课题参考干春晖等（2011）的做法，选用第三产业增加值与第二产业增加值的比值来衡量产业结构高级化水平，以此作为中国三次产业结构调整中产业结构升级程度的度量指标。

产业结构合理化（$indr$）：产业结构合理化是指在产业与产业之间建立一种协调与平衡的关系，以实现资源的合理配置和有效利用。产业结构合理化要求各产业部门及其比例结构符合社会需求、能够带来更多经济效益，从而使整个经济持续稳定地增长。判断产业结构的合理性在于评估不同产业之间的协调程度。综合考虑产业结构中各个产业的重要程度，以产业偏离度为依据，借鉴韩永辉等（2016）测度产业结构合理化，具体计算公式如下：

$$SR = \sum_{i=1}^{n} (Y_i/Y) \left| \frac{Y_i/Y}{L_i/L} - 1 \right|, \ indr = 1/SR \qquad (3-12)$$

控制变量：财政分权度（$finadp$），用财政预算内收入与财政预算内支出之比来表示。财政分权是一种制度安排，可以将地方政府和中央政府的财政权力区分开来，加上财政支出的结构和支出的模式主要由财政分权决定，因而影响经济高质量发展。

经济发展水平（$lngdpp$）：用人均 GDP 的对数来表示。经济发展水平影响着国家经济实力、科技实力、综合国力，从而影响国家经济高质量发展，利用人均 GDP 作为指标还可以控制经济发展水平可能存在的非线性影响。

外商直接投资（fdi）：用当年实际使用外资占地区生产总值比重表示。外商投资会影响自主创新能力，从而影响经济高质量发展水平。同时，外商投资的引入会加剧企业竞争，导致一些低效的公司被大公司兼并或淘汰，而其他公司则会在行业间优化资源配置，从而影响经济的高质量发展。

城市化水平（urb）：用人口密度的对数来表示。经济高质量发展要求公平性和高效率，而城市化水平是影响这两者的重要因素。城镇化是一种经济转型的过程，它在规模经济的作用下，将经济和人口集中到城市中来，是经济增长的重要推动力量。不同区域的城市化水平差异会对经济高质量发展的区域差异产生影响。

三、描述性统计结果

各变量的描述性统计结果如表 3-4 所示。其中，经济高质量发展指标平均值为 0.071，最大值为 0.855，最小值为 0.021，说明中国地级市间的经济高质量发展水平存在较大差异。数字经济指标平均值为 0.237，最大值为 0.791，最小值为 0.068，说明中国地级市间的数字经济水平同样存在较大差距。从控制变量来看，不同地区间在财政分权度、经济发展水平、外商投资、城市化水平上也都存在一定差距。

表 3 - 4　　　　　　　　　　变量的描述性统计分析

变量	观测值	平均值	标准差	最小值	最大值
hq	3014	0.071	0.047	0.021	0.855
dig	3014	0.237	0.078	0.068	0.791
indh	3014	1.034	0.549	0.114	5.348
indr	3014	0.878	1.062	0.022	3.879
finadp	3014	0.452	0.217	0.070	1.541
lngdpp	3014	10.747	0.555	9.091	13.056
fdi	3014	0.017	0.052	0.000	2.171
urb	3014	5.737	0.939	1.609	10.249
finance	3014	2.473	1.189	0.588	21.301

四、基本回归分析

本部分基于 Hausman 检验结果，在控制时间效应和城市效应的基础上，通过双向固定效应模型进行参数估计，用 Stata 进行全样本回归，结果见表 3 - 5。

表 3 - 5　　　　　　　　　　基准回归结果

变量	(1) hq	(2) hq	(3) hq	(4) hq	(5) hq
dig	0.0428 *** (3.30)	0.0436 *** (3.37)	0.0303 ** (2.37)	0.0305 ** (2.39)	0.0592 *** (5.41)

变量	(1)	(2)	(3)	(4)	(5)
	hq	hq	hq	hq	hq
finadp		-0.0118 *** (-2.64)	-0.0262 *** (-5.69)	-0.0238 *** (-5.13)	-0.0286 *** (-7.19)
lngdpp			0.0180 *** (10.29)	0.0188 *** (10.67)	0.0253 *** (16.66)
fdi				-0.1063 *** (-3.56)	-0.0580 ** (-2.27)
urb					0.0398 *** (31.67)
常数项	0.0432 *** (24.71)	0.0489 *** (17.77)	-0.1299 *** (-7.39)	-0.1371 *** (-7.76)	-0.4354 *** (-24.46)
时间效应	是	是	是	是	是
城市效应	是	是	是	是	是
样本数	3014	3014	3014	3014	3014
R^2	0.5519	0.5531	0.5698	0.5718	0.6870

注: *** 、 ** 、 * 分别表示在1% 、5% 、10% 水平下显著,括号内为标准误。本章以下表格注释含义相同,不再重复表述。

其中,模型(1)简要论述了数字经济与经济高质量发展之间的关系(如表3-5所示)。为了减小模型(1)的遗漏偏差,将选取的控制变量逐步添加到模型(2)~(5)之中,科学论述数字经济对于经济高质量发展的作用。从表中模型(1)~(5)回归结果可以看出,随着控制变量的逐步加入,核心解释变量数字经济系数的显著性保持在5%,说明数字经济对经济发展质量的影响显著且稳定,数字经济的发展有助于经济高质量发展。就控制变量而言,从模型(5)可以看出,经济发展水平和城市化水平均具有显著的正向影响且显著,财政分权度和外商投资均具有显著的负向影响且显著。外商直接投资对经济高质量发展的影响系数在5%水平上显著为负,说明外商直接投资抑制了经济高质量发展,这可能是因为外商投资虽然有利于中国经济增长,但其负面影响如"污染避难所"效应在一定程度上还存在,而且引进外资,也在一定程度上容易形成中国对外的技术依赖,不利于中国创新能力的提升。

五、中介效应

在探究了数字经济对经济高质量发展的直接影响机制后,为了进一步验证数字经济对经济高质量发展的影响,我们采用中介效应进行检验,以验证产业结构的高级化和合理化是否在二者间发挥了中介作用,结果如表3-6所示。在表3-6中,列(1)是数字经济与经济高质量基准回归结果。列(2)和列(3)是产业结构高级化的中介机制分析结果,其中列(2)数字经济系数显著为正,列(3)数字经济和产业结构高级化系数显著为正,说明产业结构高级化具有显著中介效应。数字经济的发展可以通过刺激消费需求带动产业结构的高级化,促进消费升级,带动内生动力,持续强化中国经济高质量发展。列(4)和列(5)是产业结构合理化的中介机制分析结果,其中列(4)数字经济系数显著为正,列(5)数字经济和产业结构合理化系数显著为正,说明产业结构合理化具有显著中介效应。具体来讲,数字经济的发展可以通过赋能技术创新带动产业结构的合理化,使得每个行业的发展都能适应国民经济的整体发展,进而促进经济的高质量发展。

表3-6 中介效应检验结果

变量	(1)	(2)	(3)	(4)	(5)
	hq	$indh$	hq	$indr$	hq
dig	0.0614 *** (4.44)	0.5148 *** (2.96)	0.0596 *** (4.31)	0.8808 * (1.84)	0.0574 *** (4.20)

续表

变量	(1)	(2)	(3)	(4)	(5)
	hq	indh	hq	indr	hq
indh			0.0034 ** (2.24)		
indr					0.0045 *** (8.31)
fnadp	− 0.0250 *** (− 4.34)	0.1415 * (1.95)	− 0.0254 *** (− 4.42)	0.2693 (1.35)	− 0.0262 *** (− 4.61)
lngdpp	0.0228 *** (10.44)	− 0.4920 *** (− 17.88)	0.0245 *** (10.61)	0.5441 *** (7.18)	0.0203 *** (9.34)
fdi	0.0056 (0.82)	0.5161 *** (6.01)	0.0038 (0.56)	− 0.7067 *** (− 2.99)	0.0088 (1.30)
urb	0.0864 *** (45.70)	− 0.2541 *** (− 10.67)	0.0873 *** (45.26)	0.0076 (0.12)	0.0864 *** (46.25)
常数项	− 0.6799 *** (− 26.11)	7.1482 *** (21.80)	− 0.7043 *** (− 24.97)	− 4.7525 *** (− 5.26)	− 0.6583 *** (− 25.46)
时间效应	是	是	是	是	是
城市效应	是	是	是	是	是
样本数	3014	3014	3014	3014	3014
R^2	0.6408	0.6435	0.6414	0.0979	0.6496

六、内生性检验

本课题构建的基准回归模型可能存在内生性,即经济高质量发展和数字经济发展可能会同时受到一系列不可观测因素的影响,进而导致回归系数估计偏差。为此,本课题选取数字经济变量的滞后一期值(L. dig)作为工具变量,进行两阶段最小二乘(2SLS)回归,结果如表 3 − 7 所示。弱工具变量检验 F 远大于 10,说明没有弱工具变量。异方差稳健的 DWH 检验 p 值均小于 0.01,故认为 L. dig 为内生变量。第一阶段回归中 L. dig 的系数显著不为零,且符号方向符合预期;第二阶段的回归中解释变量回归系数为 0.3542,且在 1% 的显著性水平下显著,除了一个控制变量的符号改变之外,模型其他控制变量系数均比较符合预期,回归效果较稳健。说明在考虑模型内生性影响后,数字经济对于经济高质量发展仍有显著正向影响。

表 3 - 7　　　　　　　　　　内生性检验结果

变量	(1)	(2)
	dig	hq
L. dig	0.8060 *** (47.85)	
dig		0.3562 *** (23.58)
finadp	− 0.0037 (− 0.68)	0.0301 *** (7.03)
lngdpp	0.0043 ** (2.13)	0.0201 *** (12.14)
fdi	0.0269 (0.78)	− 0.0867 *** (− 2.91)
urb	− 0.0178 *** (− 8.92)	0.0049 *** (8.57)
常数项	0.1153 *** (4.57)	− 0.2854 *** (− 16.80)
时间效应	是	是
城市效应	是	是
样本数	2740	2740
R^2	0.9484	0.6599

七、稳健性检验

（一）更换解释变量

参照柏培文（2021）测算数字经济发展指数的方法，本研究使用主成分分析法对各项指标进行降维处理，得出解释变量的替代变量 *digl* 验证模型稳健性，回归结果如表 3 - 8 所示，基准回归结果依然显著，结果稳健。

（二）分时间段稳健性检验

数字经济具有较为明显的时间阶段特征。2016 年 9 月，二十国集团通过了《G20 数字经济发展与合作倡议》，提出了促进数字经济发展与合作的共同原则。2016 年 11 月，国务院发布《"十三五"国家战略性新兴产业发展规划》，提出将战略性新兴产业作为经济发展的重点，构建现代产业新体系，推动经济社会持续健康发展。2016 年是数字经济发展的重要节点，因此这里将样本划分为 2011～2016 年与 2016～2021 年两个时间段分别进行估计，结果如表 3 - 8 所示。从稳健性检验结果可以看出，在两个时间段内，采用双向固定效应，数字经济变量的系数均显著为正，因而数字经济对高质量发展的促进作用较为稳健。

（三）增加控制变量

金融是现代经济的重要组成部分，强大的金融支撑是国家经济发展的重要保证。因此，金融发展水平是衡量一个国家或地区的经济实力的重要指标。金融发展水平一定程度影响着经济高质量发展。一方面，金融规模的扩张能够通过促进消费升级和企业创新对经济高质量发展产生积极影响；另一方面，金融规模的过度扩张可能因加剧金融风险而对经济高质量发展产生消极影响。因此，在模型中加入新的控制变量金融发展水平检验稳健性。金融发展水平（*finance*），用机构存贷款余额占地区生产总值比重表示，经过检验发现模型依然稳健，数字经济指标正向且显著，部分控制变量符号发生了改变（见表3-8）。

表3-8　　　　　　　　　　　　　　　　稳健性检验结果

变量	更换解释变量	2011~2016 年	2016~2021 年	增加控制变量
	hq	*hq*	*hq*	*hq*
dig		0. 1213 *** (9. 16)	0. 0502 *** (3. 78)	0. 0699 *** (6. 08)
digl	0. 0070 *** (6. 61)			
finadp	− 0. 0269 *** (− 6. 88)	− 0. 0029 (− 0. 86)	− 0. 0092 (− 1. 64)	− 0. 0206 *** (− 5. 21)
ln*gdpp*	0. 0254 *** (17. 02)	0. 0291 *** (20. 11)	0. 0286 *** (12. 86)	0. 0305 *** (18. 60)
fdi	− 0. 0568 ** (− 2. 25)	− 0. 0331 (− 1. 37)	− 0. 1280 *** (− 3. 56)	− 0. 0996 *** (− 3. 74)
urb	0. 0508 *** (33. 18)	0. 0046 *** (4. 19)	0. 0273 *** (23. 28)	0. 0266 *** (25. 34)
finance				0. 0027 *** (4. 79)
常数项	− 0. 4897 *** (− 26. 58)	− 0. 2930 *** (− 18. 97)	− 0. 4018 *** (− 16. 62)	− 0. 4233 *** (− 23. 68)
时间效应	是	是	是	是
城市效应	是	是	是	是
样本数	3014	1644	1644	3014
R^2	0. 6962	0. 6283	0. 6270	0. 6624

八、异质性分析

(一)基于不同区域的异质性分析

由于不同区域的经济特征不同,本部分采用常用的分类标准,将 274 个地级城市划分为东、中、西部三大区域,并进行分样本回归。根据表 3-9 中回归结果得出:一方面,东、中、西部区域数字经济回归系数均为正。另一方面通过对比东、中、西部地区数字经济回归系数,得出结论:东部地区数字经济在经济高质量发展中作用最明显,其次为中部地区,西部地区作用效果较弱。出现这一回归结果的原因可能是,东部和中部地区具有基础设施较为完善、数字技术基础先进、人力资本丰富且科技实力雄厚等诸多优势。这些优势结合起来极大带动了数字经济的作用。此外,近几年数字经济发展迅速且得到重视,应用广泛,东、中部地区拥有充足的高端人才和经济基础,促进了数字技术的吸收,为数字经济带来了红利。相比之下,中国西部地区数字经济的发展程度比较低,数字技术发展还处在与产业融合初期,且更多体现在生活服务领域或者生产领域等低层次的应用上。西部地区缺乏人力资本和创新环境,数字资源贫乏,底层数字技术基础相对薄弱,难以抓住数字化转型新机遇,数字经济应用困难,限制了数字红利的发展。

表 3-9　　　　　　　　　基于不同区域异质性检验结果

变量	东部	中部	西部
	hq	hq	hq
dig	0.0866 *** (3.52)	0.0800 *** (5.52)	0.0037 (0.29)
$finadp$	-0.0193 ** (-2.24)	-0.0255 *** (-5.48)	0.0075 (1.16)

续表

变量	东部	中部	西部
	hq	hq	hq
ln*gdpp*	0.0384 *** （12.20）	0.0215 *** （11.28）	0.0163 *** （7.81）
fdi	−0.0398 （−0.84）	0.0019 （0.06）	−0.0723 （−1.47）
urb	0.0615 *** （20.23）	0.0498 *** （19.72）	0.0280 *** （13.84）
常数项	−0.7283 *** （−18.47）	−0.4637 *** （−19.82）	−0.2707 *** （−10.67）
时间效应	是	是	是
城市效应	是	是	是
样本数	1056	1089	869
R^2	0.7423	0.7443	0.6929

（二）基于不同层级的异质性分析

本课题借鉴徐晓慧（2022）的做法，基于不同层级进行异质性检验，将副省级城市和省会城市划分为中心城市，其他城市划分为外围城市。通过这两类划分，旨在揭示数字经济对不同层级城市经济高质量发展的影响。如表3-10显示，中心城市的数字经济对经济高质量发展的影响系数是0.1959，且在1%的水平上显著，而外围城市的数字经济对经济高质量发展的影响系数为0.0061且不显著，说明数字经济对中心城市经济的促进作用相比于外围城市更强。出现该现象的原因可能是中心城市更容易聚集先进的技术、人才等生产要素，而且数字基础设施、经济结构更完善，地区发展如产业链等更发达，这些都为经济高质量发展提供了有力支持。

表 3 - 10   基于不同层级异质性检验结果

变量	中心城市	外围城市
	hq	hq
dig	0. 1959*** - 3. 29	0. 0061 - 0. 64
finadp	- 0. 1015*** (- 4. 27)	- 0. 0202*** (- 6. 19)
lngdpp	0. 0451*** - 2. 71	0. 0229*** - 18. 76
fdi	- 0. 1296 (- 0. 77)	- 0. 0569*** (- 2. 64)
urb	- 0. 0229* (- 1. 68)	0. 0401*** - 27. 25
常数项	- 0. 2291 (- 1. 14)	- 0. 4098*** (- 26. 69)
时间效应	是	是
城市效应	是	是
样本数	154	2684
R^2	0. 8757	0. 7189

本 章 小 结

近年来，数字经济已经成为中国经济中最具活力的部分，在各个领域发挥着重要作用。与此同时，数字经济对高质量发展的促进效应也得到学界广泛讨论，得出了很多具有价值的结论，但是在影响机制方面仍有进一步研究的空间。本课题以 2011~2021 年中国 274 个地级市的面板数据为样本，围绕数字经济对高质量发展的影响这一课题展开了一系列机理分析和实证检验，得到的主要结论如下：

　　首先，采用熵值法测度数字经济与经济高质量发展指标，并分析 2011～2021 年发展趋势，根据数据可以看出数字经济与经济高质量发展整体均处于上升的发展趋势，未来还有很大发展空间，且二者呈正相关关系。数字经济与经济高质量发展均存在区域发展不均衡的现象。其次，通过构建双向固定效应模型，对数字经济滞后一期作为解释变量进行内生性检验，并采用替换解释变量，分时段回归与增加控制变量的方式检验稳健性，结果均验证了数字经济对经济高质量发展有着显著的正向促进作用。再次，产业结构高级化和产业结构合理化在数字经济促进高质量发展的过程中起到了重要的中介作用，数字经济显著促进产业结构高级化与合理化，并最终赋能于高质量发展。最后，从区域异质性来看，数字经济对东部、中部和西部地区的高质量发展都有一定的正向影响，但影响程度有所不同。其中，东部地区数字经济比中部地区更能促进经济高质量发展，而西部地区影响效应最弱。分城市层级来看，中心城市相比于外围城市，在发展数字经济时，对经济高质量发展影响更大。

第四章

数字经济发展对能源利用效率的影响研究

——基于省级面板数据的实证检验

中国能源消费总量从 1980 年的 6.0275 亿吨标准煤攀升至 2023 年的 57.2 亿吨标准煤，连续十年位居世界各国首位，而从能源消费强度来看，每万元国内生产总值能源消费量从 1980 年的 13.14 吨标准煤降低至 2023 的 0.45 吨标准煤①，说明中国能源消费总量在增加的同时，能源利用效率有所提升。中国数字经济绝对规模从 2002 年的 1.22 万亿元增加至 2022 年的 50.2 万亿元，相对规模（占 GDP 比重）也从 10.04% 提升至 41.5%②。那么，能源利用效率提升与数字经济发展二者是否存在关联呢？若存在关联，其具体的理论传导机制是什么？这构成了本课题研究的初衷与出发点。

第一节　文　献　综　述

一、外文文献现状

国外文献探讨数字经济发展对能源消费与 CO_2 排放量影响更多是从信

---

① 世界银行数据库与《中国统计年鉴》。

② 中国信息通信研究院：2015～2023 年《中国数字经济发展与就业白皮书》。

息通信技术（ICT）视角。部分学者探讨 ICT 对能源消费与 CO_2 影响机制，其中，莫耶和休斯（Moyer and Hughes，2012）利用 IFS 方法，认为 ICT 发展会通过技术进步与降低新能源研发成本以减少能源消费，但 ICT 发展会促进经济增长进而提高能源消费，且能源消费会受到能源价格影响，若从总效应来看，ICT 并不能显著降低 CO_2 排放量。兰格等（Lange et al.，2020）通过理论建模将 ICT 对企业能源消费影响分为四个方面，即 ICT 部门发展与生产效率提升带来的经济增长会增加能源消费，而 ICT 带来的能源利用效率提升与产业结构优化升级会减少能源消费。

部分学者通过研究发现信息通信技术（ICT）发展有助于减少能源消费、降低 CO_2 排放量，从而实现节能减排。周小勇等（Zhou et al.，2018）使用三层结构分解分析法分析发现，ICT 发展会提高企业能源强度，信通技术输入替代有利于减少生产中的能源消耗。石田（Ishida，2015）、奥斯曼等（Usman et al.，2021a）和贝希尔等（Béchir et al.，2021）基于实证检验发现，ICT 发展有助于提高日本、印度与突尼斯国家能源利用效率，减少能源消费，并改善环境质量。此外，舒尔特等（Schulte et al.，2016）、阿农·希贡，多洛雷斯等（Higón et al.，2017）、严哲明等（Yan et al.，2018）和贾维德·伊克巴尔等（Iqbal et al.，2018）通过研究也发现，ICT 发展有助于提高能源利用效率。与此同时，奥斯曼等（Usman et al.，2021a）指出，ICT 能通过促进可再生能源消费、协调不同部门能源消耗，有助于减少 CO_2 排放量，但奥斯曼等（Usman et al.，2021b）通过研究却发现，ICT 发展会增加南非 CO_2 排放量。

信息通信技术（ICT）发展也会通过电力消耗影响生态环境，其中，莱雷·巴斯特达等（Bastida et al.，2019）指出，ICT 会通过改变居民家庭消费行为减少家庭电力消费，降低 CO_2 排放量。萨拉胡丁与拉阿姆（Salahuddin and Alam，2016）和任思宇等（Ren et al.，2021）认为，互联网技术应用与发展会通过促进经济增长进而提高电力消费。韩博唐等（Han et al.，2016）利用偏最小二乘法实证检验发现，ICT 发展因能源回弹效应导致其对中国能源消费影响呈"U"形曲线关系，2014年是拐点所在。此外，费萨尔等（Faisal et al.，2018）通过研究却发现，互联网使用和电力消耗之间存在"U"形曲线关系。

部分学者通过研究发现 ICT 发展对 CO_2 排放量并不存在显著影响，其中，奥斯曼等（Usman et al.，2021b）通过研究发现，ICT 对选定的亚洲国家 CO_2 排放量影响并不显著。奥略-洛佩斯和阿拉门迪亚-穆内塔（Ollo-López and Aramendía-Muneta，2012）基于研究发现 ICT 应用于某些领域有助于减少污染物排放，但对某些领域反而会增加污染物排放。文俊焕等（Mun et al.，2021）指出韩国和美国的 ICT 服务业的二氧化碳排放量超过了 ICT 制造业。

二、中文文献现状

国内文献探讨数字经济发展的节能减排效应更多是从数字金融视角，考察其对企业能源利用效率与绿色全要素生产率影响，得到的结果多为有助于提高能源利用效率，并改善环境质量。数字金融作为一种新型金融服务模式，通过利用数字信息技术为企业居民提供更加便捷的金融服务，在促进我国经济高质量发展的同时，有利于降低能源强度（段永琴等，2021；上官绪明和葛斌华，2021），并改善我国环境质量（许钊等，2021；李广昊和周小亮 2021；陈啸和薛英岚，2021）。数字金融的发展也会通过缓解企业融资约束、提升企业创新产出、产生创新溢出效应与促进产业结构升级等途径提高地区或企业绿色全要素生产率，实现我国绿色发展（侯层和李北伟，2020；范欣和尹秋舒，2021；惠献波，2021；江红莉和蒋鹏程，2021；贺茂斌和杨晓维，2021），且数字经济发展对全要素生产率影响存在门槛效应与区域差异（程文先和钱学锋，2021）。

部分学者从信息通信技术（ICT）视角探讨其对能源消费与生态环境影响效应，通过研究发现，企业应用信息通信技术会通过提高企业技术、机器设备的更新和提升生产制造的柔性化以降低企业能源强度，减少地区 CO_2 排放量，促进绿色经济效率提升（刘洪涛和杨洋，2018；张三峰和魏下海，2019；邹彩霞和高媛，2020；丁玉龙和秦尊文 2021；汪小英等，2021）。此外，樊茂清等（2012）指出，能源价格是信息化对能源强度影响的重要因素，且互联网发展有助于提高全要素能源利用效率（汪东芳和曹建华，2019；白雪洁和孙献贞，2021）。

数字经济作为一种新的经济范式，运用数字化信息技术有助于提高能源效率，并改善环境质量。刘新智和孔芳霞（2021）从企业生产、居民生活与生态环境视角，通过研究发现数字经济发展有助于长江流域城市实现绿色转型发展，提升我国绿色全要素生产率（周晓辉等，2021）。樊轶侠和徐昊（2021）指出，我国数字经济发展因能源回弹效应，导致数字经济与绿色发展二者之间存在倒"U"形曲线关系。此外，许宪春等（2019）通过对"滴滴"与"货车帮"案例分析发现，大数据的运用有利于更好地匹配供需双方，提高资源配置效率的同时，降低能源消耗与环境污染。

数字经济是以数字化信息技术为载体，以数据资源作为技术创新驱动力，是将信息化资源运用于经济活动的产物。从数字经济发展对能源环境影响来看，现有文献主要聚焦在企业生产层面，但数字经济作为经济重要组成部分，从理论与实证视角考察数字经济发展对我国能源效率影响文献略显不足，且缺乏具体的理论传导机制。本课题基于中国 2009～2018 年 31 个省区市面板数据（不含港澳台地区），将数字化信息及知识纳入企业生产与研发函数，并测算各地区数字经济发展指数，以技术进步效应、产业升级效应与科技创新效应为中介变量，考察数字经济发展对我国能源效率的影响机制及效果。不同于以往研究，本课题可能存在的创新点在于：（1）基于戴维·罗默研发模型，将数字化信息及知识纳入企业生产与研发函数中，并选取五个工具性变量测算各省市数字经济发展指数。（2）利用中介效应模型实证检验数字经济发展对我国能源利用效率的直接影响与间接影响，并识别其中具体的理论与实际传导机制。

第二节 理论模型

本课题基于戴维·罗默（David Romer）新经济增长理论中研发模型，结合中国实际国情，考察数字经济发展对中国能源利用效率的影响机制。

一、基本假设

本课题将整个经济体分为两个部门，一个是生产部门，用 m 表示；一个是研发部门，用 n 表示，且研发部门技术用于生产部门生产。企业生产要素包括数字化信息（D）、资本（K）、劳动（L）与能源（E），数字化信息中的 ∂_D 份额用于生产部门，$1 - \partial_D$ 份额用于研发部门；资本中的 ∂_K 份额用于生产部门，$1 - \partial_K$ 份额用于研发部门；劳动中的 ∂_L 份额用于生产部门，$1 - \partial_L$ 份额用于研发部门，∂_D、∂_L 和 ∂_K 是外生的，且 $0 \leq \partial_D$，∂_L，$\partial_K \leq 1$；能源（E）全部投入生产部门。

假设生产部门生产函数为柯布 – 道格拉斯（C-D）形式，即

$$Y(t) = A(t)[\partial_D D(t)]^{\alpha}[\partial_K K(t)]^{\beta}[\partial_L L(t)]^{\gamma}E(t)^{\eta},$$
$$(0 \leq \partial_D, \partial_K, \partial_L \leq 1; 0 \leq \alpha, \beta, \gamma, \eta \leq 1) \qquad (4-1)$$

其中，α，β，γ，η 分别表示数字化信息、资本、劳动与能源产出弹性系数。

假设研发部门投入 – 产出函数为

$$A(t) = B[(1-\partial_D)D(t)]^{\alpha_1}[(1-\partial_K)K(t)]^{\beta_1}[(1-\partial_L)L(t)]^{\gamma_1},$$
$$(B > 0; 0 \leq \partial_D, \partial_K, \partial_L \leq 1; 0 \leq \alpha_1, \beta_1, \gamma_1 \leq 1) \qquad (4-2)$$

假设企业生产规模报酬不变，即 $\alpha + \beta + \gamma + \eta = 1$，企业能源利用效率（$EE$）为

$$EE = \frac{Y(t)}{E(t)} = A(t)\frac{[\partial_D D(t)]^{\alpha}[\partial_K K(t)]^{\beta}[\partial_L L(t)]^{\gamma}}{E(t)^{\alpha+\beta+\gamma}},$$

$$(0 \leqslant \partial_D, \ \partial_K, \ \partial_L \leqslant 1; \ 0 < \alpha, \ \beta, \ \gamma < 1) \qquad (4-3)$$

二、无研发条件下企业最优策略

当企业不进行自主研发时，即 $\partial_D = \partial_L = \partial_K = 1$，生产部门生产函数为

$$Y(t) = D(t)^{\alpha} K(t)^{\beta} L(t)^{\gamma} E(t)^{1-\alpha-\beta-\gamma}, \ (0 < \alpha, \ \beta, \ \gamma < 1) \qquad (4-4)$$

此时，企业能源利用效率（EE）为

$$EE = \left[\frac{D(t)}{E(t)}\right]^{\alpha} \left[\frac{K(t)}{E(t)}\right]^{\beta} \left[\frac{L(t)}{E(t)}\right]^{\gamma} \qquad (4-5)$$

当 $D(t)$ 越大时，企业能源利用效率越高，即企业要提高能源利用效率，最优策略是获取与利用更多的数字化信息及知识，反之亦然。

假设 4-1：当企业不进行自主研发时，数字经济发展水平越高，越有利于企业获取与利用更多的数字化信息及知识，进而提高企业能源利用效率。

三、研发条件下企业最优策略

当企业进行自主研发时，假定研发部门投入要素仅为数字化信息 (D)，即 $\partial_D \neq 1$，$\partial_L = \partial_K = 1$，生产部门生产函数为

$$Y(t) = A(t) \left[\partial_D D(t)\right]^{\alpha} K(t)^{\beta} L(t)^{\gamma} E(t)^{1-\alpha-\beta-\gamma}, \ (0 < \alpha, \ \beta, \ \gamma < 1)$$

$$\qquad (4-6)$$

研发部门投入-产出函数为

$$A(t) = B\left[(1-\partial_D)D(t)\right]^{\alpha_1}, \ (B > 0; \ 0 < 1 - \partial_D < 1, \ \alpha_1 > 0) \qquad (4-7)$$

企业生产函数为

$$Y(t) = \frac{B\left[(1-\partial_D)D(t)\right]^{\alpha_1} \left[\partial_D D(t)\right]^{\alpha}}{E(t)^{\alpha-1}} \left[\frac{K(t)}{E(t)}\right]^{\beta} \left[\frac{L(t)}{E(t)}\right]^{\gamma} \qquad (4-8)$$

此时，企业能源利用效率（EE）为

$$EE = \frac{B\left[(1-\partial_D)D(t)\right]^{\alpha_1} \left[\partial_D D(t)\right]^{\alpha}}{E(t)^{\alpha}} \left[\frac{K(t)}{E(t)}\right]^{\beta} \left[\frac{L(t)}{E(t)}\right]^{\gamma} \qquad (4-9)$$

当 $D(t)$ 越大时，企业能源利用效率（EE）越高，即企业获取与利用数字化信息及知识越多，可直接提高生产部门能源利用效率，反之亦然。

假设4-2：当企业进行自主研发时，数字经济发展水平越高，越有利于企业获取与利用更多的数字化信息及知识，会直接或间接提高企业能源利用效率。

假设资本、劳动与能源固定不变时，对式（4-9）两边取对数求导，若企业要实现产出最大化，信息资源在生产与研发部门投入要满足以下条件：

$$\frac{\ln(1-\partial_D)}{\ln\partial_D}=\frac{\alpha}{\alpha_1} \qquad (4-10)$$

此时，企业产出最大化。

第三节　数据来源、变量描述与计量模型

一、描述性统计量

被解释变量：国内外学者一般用单位产出能源消费量，即能源强度衡量地区能源利用效率，本课题能源利用效率（EE）用单位能源产出量表示，即能源利用效率（EE）＝国内生产总值（GDP）/能源消费总量，其中能源消费总量折算成万吨标准煤，单位是万元/吨标煤。

核心解释变量：本课题结合中国实际情况，并根据数据可得性及可量化原则，将数字经济发展指数划分为数字宏观指数、基础设施指数、数字产业指数、行业融合指数与数字政府指数五个方面。数字宏观环境是数字经济发展的前提条件，例如知识产权与发明数量越多，越有利于提高数字化信息技术水平。数字基础设施水平是数字经济良好运行的保障，例如互

联网宽带接入为信息技术运行与推广提供了必要服务。数字产业化与产业数字化是数字经济核心组成部分，因数据来源所限，数字产业化用软件业务与产品收入表示，产业数字化用电子商务交易额表示。数字化治理水平是保证数字经济正常进行的基本条件，且政府运用数字化信息技术水平越高，越有利于提高政府治理效率。

由于各指标度量标准、单位与符号存在差异性，将数据进行标准化处理，即当指标越大越有利于提高数字经济发展指数时，采用正向指标法：$X_{it}^p = \dfrac{X_{it} - X_{it(\min)}}{X_{it(\max)} - X_{it(\min)}}$，而当指标越大越不利于提高数字经济发展指数时，采用负向指标法：$X_{it}^p = \dfrac{X_{it(\max)} - X_{it}}{X_{it(\max)} - X_{it(\min)}}$，其中 X_{it} 为第 t 年 i 指标，部分数据缺失用平滑法换算，并对五个工具性变量指标取相应的权重求解 31 个省区市数字经济发展指数，各指标选取及符号如表 4 - 1 所示。

表 4 - 1 数字经济发展指数

一级指标	二级指标
数字宏观指数	互联网上网人数（＋）、知识产权授权数（＋）、发明数（＋）、人均地方政府教育支出（＋）、人均地方政府科技支出（＋）、15 岁及以上文盲人口占比（－）
基础设施指数	互联网宽带接入端口（＋）、互联网宽带接入用户（＋）、域名数（＋）、网站数（＋）、网页数（＋）、电话普及率（＋）、移动电话普及率（＋）
数字产业指数	软件业务收入（＋）、软件产品收入（＋）
行业融合指数	电子商务交易额（＋）、包裹快递数（＋）、电子商务企业数（＋）、电子商务企业数占比（＋）
数字政府指数	知识产权保护力度指数（＋）、数字经济相关规划政策文件（＋）、城市污水日处理能力（＋）

注：互联网上网人数与电子商务交易额数据来源于《第三产业统计年鉴》、各省区市商务厅（局）报告、发改委报告与政府工作报告等；知识产权保护力度参照韩玉雄和李怀祖（2005）的算法进行估算；各地区政府出台数字经济发展相关文件来源于资料收集整理所得；其他数据均源于历年《中国统计年鉴》，部分数据缺失采用移动平均法估算。

　　中介变量：全要素生产率（*TFP*）：假设企业生产要素包括资本（*K*）、劳动（*L*）与人力资本（*H*），生产函数采用标准的柯布 – 道格拉斯形式（C-D），即 $Y = AK^{\partial}(HL)^{\beta}$，并假定生产函数规模报酬不变，即 $\partial + \beta = 1$，*A* 为全要素生产率。*Y* 用真实 GDP（1978 年基期）表示，单位为万元；*K* 用资本存量（1978 年基期）表示，通过永续盘存法计算，即 $K_t = (1 - \delta)K_{t-1} + I_t/P_t$，其中 K_t 与 K_{t-1} 表示第 *t* 年与 *t* – 1 年资本存量，δ 表示资本品的重置率，I_t 与 P_t 表示第 *t* 年的资本投资及价格指数，基期资本存量 K_0 采用前五年实际资本形成额除以平均折旧率与后 5 年间固定资本形成增长率的平均值之和来测算，重置率 δ 沿用单豪杰（2008）计算得到的 10.96%，P_t 利用固定资产投资价格指数进行延续，I_t 选用固定资本形成总额，根据换算得到资本存量 *K*，单位为万元；*H* 用 6 岁及以上人口平均受教育年限表示，单位为年；*L* 用全社会从业人员数表示，单位为万人。资本（∂）与劳动（β）收入份额用收入法换算，即资本收入份额（∂）=（收入法 GDP – 调整后的劳动报酬 – 生产税净额）/（收入法 GDP – 生产税净额）=（固定资产折旧 + 营业盈余）/（收入法 GDP – 生产税净额）；劳动收入（β）份额 = 调整后的劳动报酬/（收入法 GDP – 生产税净额），并利用索洛经济增长模型计算得到全要素生产率增长率。

　　产业结构升级：产业结构升级包括制造业价值链攀升、生产技术提升、产业结构优化等方面，本课题用三次产业结构去衡量产业结构升级，即产业就业结构升级指数（*Ind*）= 第一产业就业占比 × 1 + 第二产业就业占比 × 2 + 第三产业就业占比 × 3，单位是标准单位。

　　科技创新水平：数字经济是将数字化信息技术运用于企业生产、市场交易、居民生活与政府治理等方面，有利于提高区域科技创新效率，就科技创新效率度量指标而言，涵盖发明专利、政府及企业 R&D 投入等，本课题用规模以上企业 R&D 经费衡量，单位是亿元。

　　控制变量：本书选取经济发展水平、城镇化率与商品房价格作为控制变量，其中经济发展水平采用国内外学者惯用指标，即人均 GDP 表示，单位是万元；城镇化率用城市常住人口率表示，单位是%；商品房价格用商品房平均销售价格度量，单位是万元/平方米。之所以选取这些指标，一方面，城镇化率是衡量城市人口规模的重要指标，而人口规模是影响经济发展的重要因素；另一方面，商铺价格与道路面积反映的是城市经济活跃度与基础设施水平，对地区经济发展存在显著影响。各变量具体计算方法及说明如表4-2所示。

表4-2 各变量的基本描述

符号	变量	定义	单位	平均值	最小值	最大值
EE	能源效率	能源利用效率	万元/吨标煤	1.4292	0.3994	4.1511
Dei	数字经济	数字经济发展指数	1	23.1618	0.7723	84.6462
TFP	全要素生产率	全要素生产率增长率	%	3.6740	2.4759	8.2914
Ind	产业结构升级	产业就业结构升级指数	1	2.0267	1.2600	2.7781
Rd	科技创新	规模以上企业R&D经费	亿元	2.7071	0.0012	21.0720
Pgdp	经济发展水平	人均GDP	万元	23.1618	0.7723	128.2176
Urb	城镇化率	城市常住人口/总人口×100	%	4.7706	1.0302	14.0761
House	商品房价格	商品房平均销售价格	万元/平方米	54.9116	22.6700	89.6000

注：数字经济发展指数与全要素生产率经测算所得，其他数据来自历年《中国能源统计年鉴》《第三产业统计年鉴》与《中国统计年鉴》，部分数据缺失采用移动平均法换算。

二、计量模型

结合前文理论分析可知，数字经济是以数字化的信息及知识作为企业生产要素，并利用数字化信息技术作为企业技术创新驱动力，有利于促进企业技术进步、产业结构优化升级与提高科技创新效率，进而提升能源利用效率。本课题首先基于普通面板模型检验数字经济发展对中国能源利用效率的直接影响效应，即

$$EE_{it} = \partial_0 + \partial_1 Dei_{it} + \partial_2 control_{it} + v_i + \mu_t + \varepsilon_{it} \qquad (4-11)$$

其中，EE_{it} 与 Dei_{it} 分别表示 i 地区 t 年能源利用效率与数字经济发展指数，$control_{it}$ 与 ε_{it} 分别表示控制变量与误差项。

再利用中介效应模型检验数字经济发展是否会通过技术进步、产业升级与科技创新以提高能源利用效率，中介效应模型设定如下：

$$X_{it} = \beta_0 + \beta_1 Dei_{it} + v_i + \mu_t + \varepsilon_{it} \qquad (4-12)$$

$$EE_{it} = \lambda_0 + \lambda_1 X_{it} + v_i + \mu_t + \varepsilon_{it} \qquad (4-13)$$

$$EE_{it} = \rho_0 + \rho_1 Dei_{it} + \rho_2 X_{it} + \rho_3 control_{it} + v_i + \mu_t + \varepsilon_{it} \qquad (4-14)$$

$$EE_{it} = \theta_0 + \theta_1 Dei_{it} + \theta_2 X_{it} + \theta_3 Dei_{it} \times X_{it} + \theta_4 control_{it} + v_i + \mu_t + \varepsilon_{it}$$

$$(4-15)$$

其中，X_{it} 表示中介变量，即全要素生产率、产业就业结构与科技创新效率。

第四节　实证结果分析

本课题基于中国 2009～2018 年 31 个省区市面板数据（不含港澳台地区），利用中介效应模型实证验证数字经济发展对中国能源利用效率影响机制及效果，并就得到的结果作进一步稳健性检验。为检验面板数据是否是平稳序列，利用 LLC 检验发现，不管是 AIC、BIC 还是 HQIC 标准下得到的 P 值均为 0.01，说明面板不存在单位根，即面板序列为平稳过程。

一、中介效应模型

由前文理论分析可知，数字经济发展有利于提高能源利用效率，为进一步验证数字经济发展是如何影响中国能源利用效率的，本课题将技术进步、产业升级与科技创新作为中介变量，即数字经济发展是否会通过技术进步效应、产业升级效应与科技创新效应，提高中国能源利用效率。

（一）技术进步效应

数字经济是以数字化信息及知识为载体，将数字化信息技术运用于企业生产、产品流动与市场交易环节，有利于提高企业生产效率，进而降低能源强度。那么，现在的问题是数字经济发展是否会通过技术进步以提高企业能源利用效率呢？将数据代入后得到表4-3结果。

表4-3 技术进步效应回归结果

变量	TFP	Energy	Energy	Energy	Energy
TFP	—	0.21 *** (6.42)	—	-0.01 (-0.94)	-0.04 ** (-1.98)
Dei	0.002 ** (1.75)	—	0.007 *** (2.53)	0.0005 (0.53)	-0.007 * (-1.70)
TFP × Dei	—	—	—	—	0.002 ** (1.87)
Pgdp	—	—	—	0.20 *** (14.10)	0.18 *** (11.70)
Urb	—	—	—	0.007 *** (2.21)	0.01 *** (2.82)
House	—	—	—	0.25 *** (3.75)	0.23 *** (3.53)
常数项	3.62 *** (34.26)	0.67 *** (4.30)	1.26 *** (18.60)	-0.02 (-0.13)	-0.04 (-0.31)
R^2	0.0032	0.0642	0.3706	0.5631	0.5708
样本数	310	310	310	310	310

注：括号内代表Z统计值，*** 、** 、* 分别表示在1%、5%、10%的显著性水平下拒绝原假设。本章以下表格注释含义相同，不再重复表述。

实证结果显示（见表4-3），数字经济发展会通过提升全要素生产率，进而提高能源利用效率，且影响系数在5%水平下高度显著，即数字经济发展会产生技术进步效应以提高企业能源利用效率，若从总效应来看，数字经济发展对能源利用效率影响系数在1%水平下显著为正。一方面，数字化信息及知识作为企业生产及研发投入要素，当地区数字经济发展水平越高时，越有利于企业获取与利用更多先进技术以提高企业生产效率，进而提升企业能源利用效率；另一方面，数字经济演化的互联网平台发展有助于更好地匹配上下游企业、生产商与销售商、销售商与消费者之间需求，减少因供需双方不匹配导致的能源消耗。

从控制变量视角来看，人均GDP、城镇化率与商品房价格系数在固定效应模型中1%水平下显著为正，说明经济发展与城镇化有助于提高能源利用效率，归因于经济发展水平与城镇化率越高越有利于提升资源配置效率，而商品房价格上升会通过倒逼机制以提高企业生产率。此外，交互项的影响系数在5%水平下显著为正，进一步说明了数字经济发展通过技术进步影响能源利用效率的作用是显著的。

（二）产业升级效应

第三次工业革命标志着计算机与信息技术是影响企业生产的重要因素，数字化信息及知识正成为继资本、劳动、土地、技术与资源之后的企业生产要素，并且将数字化信息技术运用于企业生产有利于产业结构优化升级。那么，现在的问题是数字经济发展是否会促进产业优化升级，进而提高企业能源利用效率呢？将数据代入后得到表4-4结果。

表4-4　　　　　　　　　　　产业升级效应回归结果

变量	Ind	Energy	Energy	Energy
Ind	—	2.22 *** (12.27)	0.21 ** (1.95)	0.18 * (1.64)

续表

变量	Ind	Energy	Energy	Energy
Dei	0.001 ** (1.89)	—	0.0005 (0.51)	− 0.05 *** (− 2.86)
Ind × Dei	—	—	—	0.02 *** (2.89)
Pgdp	—	—	0.20 *** (14.30)	0.16 *** (9.47)
Urb	—	—	0.003 (1.01)	0.009 *** (2.66)
House	—	—	0.24 *** (3.83)	0.25 *** (3.92)
常数项	2.00 *** (125.64)	− 3.06 *** (− 8.18)	− 0.26 (− 1.18)	− 0.43 ** (− 1.99)
R^2	0.3992	0.4241	0.5695	0.5596
样本数	310	310	310	310

实证结果显示（如表 4 – 4 所示），数字经济发展会促进产业结构优化升级以提高企业能源利用效率，且影响系数在 5% 水平下高度显著，即数字经济发展会通过促进产业结构优化升级以提高能源利用效率。数字经济从狭义上理解就是将数字化信息技术运用于企业生产、流动与交易环节，涵盖数字产业化与产业数字化。一方面，以软件研发、互联网平台发展、信息通信技术为代表的数字产业化发展，有利于降低能源依赖度；另一方面，以数字化信息技术与传统产业相融合的产业数字化发展，会通过降低资源错配以提高资源配置效率，进而提升能源利用效率。此外，交互项的影响系数在 1% 水平下显著为正，进一步说明了数字经济发展通过产业结构优化升级影响能源利用效率的作用是显著的。

（三）科技创新效应

企业将数字化信息及知识运用于产品研发、技术创新与专利发明等方面，有利于提高企业科技创新能力，提升企业核心竞争力，而企业科技创新水平提升有助于降低能源依赖度。那么，现在的问题是数字经济发展是否会通过科技创新效应，进而提高企业能源利用效率呢？将数据代入后得到表4-5结果。

表4-5　　　　　　　　　　科技创新效应回归结果

变量	Rd	$Energy$	$Energy$	$Energy$
Rd	—	0.13 *** （16.08）	0.02 *** （3.32）	0.08 *** （4.94）
Dei	0.04 *** （2.60）	—	0.0004 （0.42）	0.001 * （1.40）
$Rd \times Dei$	—	—	—	-0.0008 *** （-4.02）
$Pgdp$	—	—	0.17 *** （9.94）	0.15 *** （9.15）
Urb	—	—	0.008 *** （2.55）	0.003 （1.00）
$House$	—	—	0.32 *** （4.66）	0.37 *** （5.44）
常数项	1.83 *** （5.18）	1.08 *** （11.56）	-0.06 （-0.41）	0.14 （1.02）
R^2	0.4901	0.3069	0.5993	0.6270
样本数	310	310	310	310

实证结果显示（见表4-5），数字经济发展会通过提升企业科技创新能力以提高企业能源利用效率，且影响系数在1%水平下高度显著，即数字经济发展会通过科技创新效应以提高能源利用效率。科学技术是第一生产力，

将数字化信息及知识运用于企业科技创新中，一方面，数字化信息及知识是企业研发的重要影响因素，当地区数字经济发展水平越高时，越有利于企业运用更多的数字化信息技术以提高企业科技创新能力，进而提升企业能源利用效率；另一方面，以互联网信息技术为代表的高新技术产业发展，会将更多的高新技术运用于企业生产过程中，能够降低企业对能源的依赖。

二、稳健性检验

中介效应模型实证结果显示，数字经济发展会通过技术进步、产业升级与科技创新以提高能源利用效率。为增加研究结论的可靠性与真实性，本课题用数字经济规模（*Ndei*）作为数字经济发展指数替代变量进行稳健性检验，数字经济规模涵盖数字产业化与产业数字化两部分，因数据来源有限，数字产业化用软件业务收入与软件产品收入表示，产业数字化用电子商务交易额表示，单位是万亿元，并利用系统 GMM 模型，从东中西部地区视角进行检验，检验结果如表 4 – 6 所示。

表 4 – 6   稳健性检验结果

变量	固定效应模型		系统 GMM 模型		
	全国	全国	东部	中部	西部
$Energy_{-1}$	—	0.77 *** (64.15)	0.64 *** (13.53)	0.83 *** (9.73)	0.92 *** (7.29)
$Ndei$	0.08 *** (4.94)	—	—	—	—
Dei	—	0.003 *** (4.27)	0.002 (0.76)	0.0002 ** (2.10)	0.003 (1.14)
$Pgdp$	0.17 *** (11.79)	0.02 *** (3.57)	0.08 *** (3.22)	0.10 *** (6.17)	– 0.04 (– 1.32)

续表

变量	固定效应模型		系统 GMM 模型		
	全国	全国	东部	中部	西部
Urb	0.01 *** (3.33)	0.007 *** (6.02)	− 0.001 (− 0.16)	− 0.03 *** (− 4.06)	0.0009 (1.30)
House	0.19 *** (3.03)	0.20 *** (7.86)	0.009 (0.07)	0.51 ** (2.43)	0.003 (0.03)
常数项	− 0.11 (− 0.85)	− 0.27 *** (− 5.55)	0.21 (0.49)	1.29 *** (4.41)	− 0.19 (− 1.03)
AR（1）	—	0.0000	0.0359	0.0318	0.0296
AR（2）	—	0.0705	0.7491	0.2300	0.1472
Sargan	—	0.9303	1.0000	1.0000	1.0000
样本数	279	279	81	91	91

注：东部地区：北京、天津、上海、江苏、浙江、福建、山东、广东与海南；中部地区：河北、山西、辽宁、吉林、黑龙江、安徽、江西、河南、湖北与湖南；西部地区：内蒙古、广西、重庆、四川、贵州、云南、西藏、陕西、甘肃、青海、宁夏与新疆。

　　稳健性检验结果显示（如表 4 - 6 所示），数字经济规模扩大有助于提高企业能源效率，且系数在 1% 水平下高度显著，与前文得到的结果相一致。系统 GMM 模型实证结果显示，数字经济影响系数在各模型中均为正，即数字经济发展有利于提升能源利用效率，但该影响系数仅在全国与中部地区模型中 5% 水平下显著，说明数字经济发展对各地区能源利用效率影响效果存在显著差异；此外，被解释变量一阶滞后系数在各模型中 1% 水平下显著为正，说明各地区能源利用效率存在时滞性。

三、拓展性分析

　　前文理论与实证研究发现，数字经济发展有利于提高企业能源利用效率，那么，能源利用效率提高是否有助于改善中国环境质量呢？本课题利用普通面板模型，从东、中、西部地区视角考察能源利用效率对环境质量改善影响，环境污染用工业 SO_2 排放量表示，单位是万吨，将数据代入得到表4-7结果。

表4-7　　　　　　　　　　拓展性分析回归结果

变量	全国	东部	中部	西部
Energy	-2.30 *** (-2.74)	-1.43 (-0.99)	1.31 (0.84)	-5.61 *** (-6.36)
Pgdp	0.50 ** (1.97)	-0.43 (-1.14)	1.49 *** (2.71)	0.18 (0.47)
Urb	-0.38 *** (-8.90)	-0.18 ** (-2.36)	-0.72 *** (-5.99)	0.05 (0.61)
House	-1.30 (-1.41)	1.27 (1.21)	-9.81 *** (-2.88)	-4.85 ** (-2.56)
常数项	28.00 *** (14.82)	21.71 *** (4.48)	42.06 *** (9.21)	10.10 *** (3.67)
R^2	0.0913	0.2205	0.0907	0.0029
样本数	310	90	110	110

实证检验结果显示（如表4-7所示），能源利用效率提高有利于减少工业 SO_2 排放量，且影响系数在1%水平下高度显著，但从东、中、西部地区视角来看，能源利用效率提高对西部地区工业 SO_2 排放量影响系数在1%水平下显著为负，但对东、中部地区影响系数不显著，说明能源利用效率提高对不同地区工业 SO_2 排放量影响存在显著差异，这与各地区能源消费结构差异密切相关。

本 章 小 结

　　本课题基于罗默新经济增长理论中研发模型,将数字化信息及知识纳入企业生产与研发函数,利用中国 2009~2018 年 31 个省区市面板数据(不含港澳台地区),通过选取数字宏观指数、基础设施指数、数字产业指数、行业融合指数与数字政府指数五个工具性变量测算各地区数字经济发展指数,运用中介效应模型实证检验数字经济发展对各地区能源利用效率影响。理论与实证检验结果显示:①数字化信息及知识作为企业生产与研发投入要素,当地区数字经济发展水平越高时,越有利于企业获取与运用更多的数字化信息技术,有利于提高能源利用效率。②数字经济发展与能源利用效率二者之间存在正相关性,且长三角、珠三角与京津冀地区数字经济发展与能源利用效率相对较高,而东北老工业基地及西部地区相对较低。③数字经济发展会通过技术进步效应、产业升级效应与科技创新效应,提高中国能源利用效率,且该结果通过稳健性检验。进一步分析发现,能源利用效率提高有助于减少工业 SO_2 排放量。

第五章

数字金融对绿色发展的影响研究

——基于地级市面板数据的实证检验

　　中国作为世界上最大的发展中国家，在注重经济发展的同时也格外关注气候环境问题，特别是在新发展格局下，受全球疫情蔓延、贸易保护主义抬头、人口红利消失等内外因素影响，我们提出要以国内循环和国际循环（双循环）驱动中国高质量发展，而生态环境问题是制约中国高质量发展的重要因素。与此同时，全球数字经济规模不断扩大，数字化信息技术正成为继土地、劳动、资本与技术之后的第五大生产要素。数字经济是以数字化信息技术为载体，以信息技术作为企业技术创新驱动力，将信息技术运用于企业生产、居民生活与政府治理，有助于提高企业生产效率、居民生活便利性与政府治理效率。《中国数字经济发展与就业白皮书》数据显示，中国数字经济绝对规模从 2002 年的 1.22 万亿元增加至 2022 年的 50.2 万亿元，相对规模（占 GDP 比重）也从 10.04% 提升至 41.5%，而以煤炭、石油、天然气为代表的化石能源消费总量由 1978 年的 5.71 亿吨标准煤攀升至 2023 年的 57.2 亿吨标准煤，温室气体 CO_2 排放量也从 1978 年的 7.81 亿吨激增至 2023 年的 126 亿吨。[①] 2020 年气候雄心峰会上，中

[①]　数字经济规模源于中国信息通信研究院 2015～2023 年《中国数字经济发展与就业白皮书》，能源消费总量源于《中国统计年鉴》、CO_2 排放量源于世界银行数据库与国家能源局。

国力争 2030 年前 CO_2 排放达到峰值，国内生产总值 CO_2 排放将比 2005 年下降 65% 以上，努力争取 2060 年前实现碳中和。从数字经济规模、能源消费与 CO_2 排放量趋势来看，中国数字经济发展似乎并不能达到节能减排效果，与许钊等（2021）、李广昊和周小亮（2021）等学者研究结果存在差异，但数字经济作为一种新的经济范式，是推动中国高质量发展的重要动力。如何科学合理评估与有效利用数字经济来促进中国绿色发展，这是贯彻新发展理念，实现中国经济与社会可持续发展的一个必须解决的问题。

第一节　文献综述与理论假设

一、文献综述

（一）数字经济与绿色发展

数字经济作为一种新的经济范式，运用数字化信息技术有助于提高能源效率，并改善环境质量。刘新智和孔芳霞（2021）从企业生产、居民生活与生态环境视角，通过研究发现数字经济发展有助于长江流域城市实现绿色转型发展，提高我国绿色全要素生产率与绿色生态效率（周晓辉等，2021；何维达等，2022）。徐维祥等（2022）基于空间计量模型实证检验发现，数字经济发展有助于减少我国城市碳排放，并改善城市空气质量（郭炳南等，2022），但对不同污染物减排效果存在差异（邓荣荣和张翔祥，2022）。李广昊和周小亮（2021）以"宽带中国"作为准自然实验研究发现，企业生产方式与居民生活方式线上转型会降低 SO_2 排放量，且该效应在大城市表现更明显。邬彩霞和高媛（2020）通过研究发现，数字经济有利于我国低碳产业发展，但数字经济发展对全要素生产率影响存在门槛效应与区域差异（程文先和钱学锋，2021）。

部分学者通过研究发现，数字经济发展会通过能源消费影响我国生态环境。许宪春等（2019）基于案例分析发现，大数据运用能够更好地匹配供需双方，减少资源错配，移动支付更有助于实现该机制，在生产端与生活端分别以"货车帮"及"滴滴"为例，通过测算发现2016年可节约油耗442.6亿升与37.26亿升，减少碳排放量约1.84亿吨。樊轶侠和徐昊（2021）指出，我国数字经济发展因能源回弹效应，导致数字经济与绿色发展二者之间存在倒"U"形曲线关系。此外，刘洪涛和杨洋（2018）与汪小英等（2021）通过研究发现，企业应用信息通信技术会通过提高企业技术、机器设备的更新和提升生产制造的柔性化以降低企业能源强度，减少地区 CO_2 排放量，促进绿色经济效率提升。张三峰和魏下海（2019）认为，企业应用信息通信技术会通过提高企业技术、机器设备的更新和提升生产制造的柔性化以降低企业能源强度。

（二）ICT 与绿色发展

信息通信技术（ICT）作为技术创新驱动力，将信息技术运用于企业生产、居民生活与政府治理，有助于节能减排，实现绿色发展。莫耶和休斯（Moyer and Hughes，2012）利用 IFS 方法，认为 ICT 发展会通过技术进步与降低新能源研发成本以减少能源消费，但 ICT 发展会促进经济增长进而提高能源消费，且能源消费会受到能源价格影响，若从总效应来看，ICT 并不能显著降低 CO_2 排放量。兰格等（Lange et al.，2020）通过理论建模将 ICT 对企业能源消费影响分为四个方面，即 ICT 部门发展与生产效率提升带来的经济增长会增加能源消费，而 ICT 带来的能源利用效率提升与产业结构优化升级会减少能源消费。

（三）数字金融与绿色发展

数字金融作为一种新型金融服务模式，通过利用数字信息技术为企业居民提供更加便捷的金融服务，在促进我国经济高质量发展的同时，有利于实现节能减排。段永琴等（2021）指出，数字金融凭借自身资金供给与技术创新能有效促进技术密集型制造业发展，降低实体经济 GDP 能耗，促进我国经济高质量发展（上官绪明和葛斌华，2021），且该效应具有空间溢出效应，并在东部地区表现更明显。数字金融发展也会通过缓解企业融资约束、提升企业创新产出、产生创新溢出效应与促进产业结构升级等提高地区或企业绿色全要素生产率，实现我国绿色发展。侯层和李北伟（2020）认为，数字金融科技会通过提高创新能力、增强技术溢出效果与促进产业结构转型升级，进而提高全要素生产率。范欣和尹秋舒（2021）基于非期望产出的 SBM 模型测算绿色全要素生产率，指出数字金融发展会通过技术创新与创业效应提高绿色全要素生产率。惠献波（2021）认为，数字金融发展有助于提升技术创新水平、优化产业结构与缓解资源错配、提高城市绿色全要素生产率，且数字金融发展会通过缓解企业"融资贵、融资难"问题以提升企业全要素生产率（江红莉和蒋鹏程，2021）。许钊等（2021）基于实证检验发现，数字金融会通过创业效应、创新效应与产业升级效应实现节能减排，且该效应存在"以邻为壑"现象。

综上所述，本课题基于现有文献梳理了数字经济、ICT、数字金融与绿色发展之间的关系，数字金融作为数字经济重要组成部分，虽然已有不少文献对其进行研究，但针对数字金融如何影响绿色发展研究并不多见。本课题基于中国 2011~2018 年 288 个地级市面板数据，利用普通面板模型、中介效应模型、面板门限效应模型与空间计量方法，考察数字金融对我国绿色发展影响机制与效应。不同于以往研究，可能的边际贡献为：第一，已有文献较多关注数字经济、ICT 对绿色发展的影响，缺乏数字金融对绿色发展影响机制与效应，本课题从理论与实证结合视角分析数字金融对我国绿色发展影响机制，并采用中介效应模型对具体的影响机制进行评估分析。第二，基于 288 个地级市以上数据，运用面板门限效应模型与空间杜宾模型，拓展数字金融对绿色发展非线性与空间效应的影响，并从数字金融覆盖广度、使用深度与数字化程度三个层面进行探讨分析。

二、理论假设

数字金融是以数字化信息为载体，以数字信息技术作为技术创新驱动力，通过拓宽金融服务广度与深度以提高金融服务可得性，有助于缓解企业融资约束，提高创业者创业概率（谢绚丽等，2018）、促进居民消费（刘新智和孔芳霞，2021）、降低城乡收入差距（李建军等，2020）等，但如何准确度量各地区数字金融发展状况是分析数字金融对经济社会影响的前提条件。从现阶段研究来看，大部分学者（段永琴等，2021；万佳彧等，2020；等）采用北京大学数字普惠金融指数作为数字金融替代指标，该指标主要利用蚂蚁集团微观数据，从数字金融覆盖广度、使用深度与数字化程度三个层面编制数字普惠金融指数，涵盖中国31个省区市、337个地级市和约2800个县（郭峰等，2021），且中国数字金融发展呈逐年上升趋势，但存在明显的区域差异（沈丽等，2019），相对于其他度量指标，该指数指标选取、测量广度与涉及区域相对较全面。数字金融作为一种新的金融服务模式，研究数字金融对中国绿色发展影响机制及效应具有十分重要的理论意义。

数字金融以更宽的覆盖广度、更大的使用深度与数字化程度提高了金融服务的可得性，在提高金融服务效率的同时，也会对中国绿色发展产生影响。本课题以技术创新效应、创新溢出效应与产业升级效应作为数字金融对绿色发展的影响机制，考察数字金融如何促进中国绿色发展。

数字金融发展会通过缓解企业融资约束、降低金融错配、扩大市场潜能等途径提高企业创新产出。唐松等（2020）与万佳彧等（2020）基于A股上市公司与城市面板数据研究发现，数字金融会通过缓解企业"融资难、融资贵"问题，提高企业技术创新水平，且该效应在中小企业、民营企业表现更明显。赵晓鸽等（2021）与张梁等（2021）认为，数字金融会通过缓解企业金融错配、改善信贷资源配置、提升居民消费数量与质量、扩大市场潜能、推动产业结构升级、发挥人力与金融要素虹吸效应以提高企业或地区创新产出，该效应在中西部地区与中小企业表现更明显。

数字金融是以数字化信息技术作为创新驱动力，移动支付作为数字金融重要组成部分，在提高支付效率，促进居民消费的同时，有助于减少能源消耗。李杰等（Li et al.，2020）指出，数字金融发展有助于家庭居民在线购物、数字支付，移动支付有助于提高企业经营绩效与家庭创业（尹志超等，2019）。移动支付与在线购物会更好地匹配供需双方，降低市场资源错配程度，并通过无纸化交易降低能源消耗。

数字金融推广使用在缓解企业融资约束、提高企业创新产出的同时，有助于促进产业结构优化升级。唐文进等（2019）与杜金岷等（2020）基于实证检验发现，数字普惠金融发展有利于促进中国产业结构高级化与合理化，该效应在中西部地区表现更明显，并存在门槛效应。此外，左鹏飞等（2020）指出，互联网发展与新型基础设施投资也有助于产业结构高级化与合理化。

由前文分析可知，数字金融兼具数字科技与普惠金融性质，将数字金融运用于生产端有助于缓解企业融资约束、扩大市场潜能与降低资源错配，提高企业创新产出、促进产业结构升级，进而提升能源效率；若将数字金融运用于消费端，以数字科技为代表的移动支付，有助于更好地匹配供需双方，促进居民消费与创业，缩小城乡收入差距，减少能源消耗，实现绿色发展。

据此，本课题提出如下研究假说：

假说 5 - 1：数字金融有助于促进中国绿色发展，技术创新效应、创新溢出效应与产业结构升级是数字金融对绿色发展的影响机制。

假说 5 - 2：数字金融在缓解企业融资约束、提高创新产出与促进产业升级的同时，对中国绿色发展影响也存在区域差异。

第二节　模型设定与变量选取

一、模型设定

基于上述分析，本课题利用普通面板模型、中介效应模型与面板门限效应模型，进一步考察数字金融对中国绿色发展影响机制与效应。

为了实证检验分析数字金融对中国各地区绿色发展影响，本课题设定了如下普通面板模型：

$$GTFP_{it} = \partial_0 + \partial_1 Index_{it} + \partial_2 Control_{it} + \mu_i + \omega_t + \varepsilon_{it} \qquad (5-1)$$

其中，i，t 分别代表地区与时间，$GTFP$ 为绿色发展，$Index$ 为数字金融发展指数，$Control$ 为一系列控制变量，μ_i 是个体（地区）固定效应，ω_t 是时间固定效应，ε_{it} 是随机扰动项。

方程（5-1）给出了不同地区数字金融对绿色发展的影响，但是仅考虑了总效应，尚未考虑数字金融会通过何种途径影响绿色发展，即数字金融会通过哪些中介变量影响绿色发展。为此，在普通面板模型中加入技术创新效应、创新溢出效应与产业结构升级作为中介变量，建立中介效应模型：

$$GTFP_{it} = \partial_0 + \partial_1 Index_{it} + \partial_2 Control_{it} + \mu_i + \omega_t + \varepsilon_{it}$$

$$IV_{it} = \beta_0 + \beta_1 Index_{it} + \beta_2 Control_{it} + \mu_i + \omega_t + \varepsilon_{it} \qquad (5-2)$$

$$GTFP_{it} = \gamma_0 + \gamma_1 Index_{it} + \gamma_2 IV_{it} + \gamma_3 Control_{it} + \mu_i + \omega_t + \varepsilon_{it} \qquad (5-3)$$

方程（5-3）中加入了 IV_{it} 表示第 i 个地区在 t 时期的中介变量，其他变量解释同方程（5-1）。方程（5-1）反映了数字金融对绿色发展影响的总效应，∂_1 是测度总效应的大小。方程（5-2）中 β_1 反映的是数字金融对中介变量影响大小。方程（5-3）中 γ_1 反映的是数字金融对绿色发展影响的直接效应，$\beta_1\gamma_2$ 反映的是中介效应大小，即数字金融通过提高技术创新水平、产生创新溢出效应与促进产业优化升级进而促进绿色发展。预期回归系数 γ_2 显著为正，即中介变量会促进绿色发展；预期回归系数 γ_1 的绝对值会小于 ∂_1 的绝对值，即中介变量在数字金融促进绿色发展过程中发挥中介效应。

根据前文分析，数字金融对绿色发展影响大小存在区间差异，为了避免主观区间划分带来的估计结果偏差，本课题用 Hansen 的面板门限效应模型检验在不同区间内数字金融对绿色发展的异质性影响。面板门限效应模型设定如下：

$$GTFP_{it} = \partial_0 + \partial_1 Index_{it} \times I(Index_{it} \leq \gamma) + \partial_2 Index_{it} \times I(Index_{it} \geq \gamma)$$
$$+ \partial_3 Control_{it} + \mu_i + \omega_t + \varepsilon_{it} \qquad (5-4)$$

其中，γ 是待估计的门限值，I 为示性函数，当相应条件满足时，取值为 1；反之，取值为 0。其他变量解释如方程（5-1）。

二、变量选取

被解释变量：本课题用绿色全要素生产率作为绿色发展替代变量，借鉴熊广勤和石大千（2021）的做法，以资本、劳动与能源作为投入指标，以实际 GDP 和 SO_2 排放量作为期望与非期望产出构造生产可能性集合，相关指标说明如表 4-1 所示。资本投入采用存量指标，利用永续盘存法估算，即 $K_t = (1-\varphi)K_{t-1} + I_t/P_t$，$\varphi$ 是资本折旧率，参照陈昌兵（2014）的标准，折旧率选取 5.65%，其中 K_{t-1} 是上一期资本存量，I_t 与 P_t 指当期资本流量与物价指数，用全社会固定资产投资额与 CPI 价格指数表示，受数据来源所限，2010 年资本存量用 2010 年物价指数平减之后的全社会固定资产投资额作为替代变量。由于地级市缺乏能源投入相关数据，借鉴以往研究，用全社会电力消费总量作为替代变量。利用 DEA 中的 Malmquist-Luenberger 指数测算各地级市绿色全要素生产率增长率，单位是 0.01（如表 5-1 所示）。

表 5 - 1 测度绿色全要素生产率的投入 - 产出变量说明

投入 - 产出类别	投入 - 产出变量	指标说明
投入	资本存量（K）	采用永续盘存法进行估算，以 1990 年为不变价格计算/亿元
	劳动（L）	全年末从业人员数/万人
	能源（E）	全社会用电量作为能源替代变量/万吨标准煤当量
期望产出	实际 GDP	以 1978 年为不变价格计算/亿元
非期望产出	二氧化硫（SO_2）	二氧化硫排放量/万吨

资料来源：历年《中国城市统计年鉴》《中国环境统计年鉴》。

核心解释变量：本课题的核心解释变量是各地区数字金融发展指数。现有评价各地区数字金融大多采取北京大学数字金融研究中心和蚂蚁科技集团联合编制的中国数字金融普惠指数（Index），例如，江红莉与蒋鹏程（2021）、侯层与李北伟（2020）、杜金岷（2020）等，该指标从数字金融覆盖广度（Cover）、数字金融使用深度（Deep）与数字金融数字化程度（Digitial）三个方面测度各地区数字金融状况。因此，本课题借鉴郭峰等（2020）的做法，选择该指标作为各地区数字金融替代变量。

中介变量：①技术创新水平。以往的研究大多用企业的研发投入（R&D）作为企业技术创新的替代变量，但创新活动往往带有较高的风险性，研发投入较难完全转化为企业创新，基于此，本课题借鉴郑雅心（2020）的做法，采取每万人申请专利授权数（Patent）作为衡量地区创新的产出水平。②创新溢出水平。数字普惠金融指标体系涵盖数字金融覆盖广度、使用深度与数字化程度，与传统的金融相比，数字金融以大数据为基础，充分利用现代化通信技术满足企业融资需求、居民支付需求，尤其是以支付宝、微信、云闪付为代表的移动支付在方便商家与消费者的同时，有助于减少中国能源消费（许宪春等，2019），基于此，本课题用邮政业务收入（Post）作为衡量地区数字金融创新溢出效应的指标，单位是亿元。③产业结构升级。产业结构升级包括产业结构高级化与产业结构合理化，二者是相辅相成的，本课题借鉴左鹏飞（2020）的做法，用调整后的泰尔指数（TL）衡量地区产业结构升级，具体的计算方法如下：

$$TL = \sum_{j=1}^{3} \left(\frac{Y_{itj}}{Y_{it}}\right) \ln\left(\frac{Y_{itj}/Y_{it}}{L_{itj}/L_{it}}\right), \quad j = 1, 2, 3 \qquad (5-5)$$

其中，Y_{itj} 与 L_{itj} 分别表示 i 地区第 j 产业 t 时期的产业增加值与从业人员数，Y_{it} 与 L_{it} 表示 i 地区 t 时期的生产总值与从业人数总数。泰尔指数（TL）反映的是产业结构偏离合理化程度，即 TL 值越高表示产业结构越不合理。

控制变量：①经济发展水平（Pgdp）。用人均 GDP 衡量经济发展水平，单位是百元/人。②城镇化率（Urb）。用建成区人口密度表示，单位是人/平方公里。③商品房价格（House）。用商品房平均销售价格表示，单位是百元/平方米。④科技投入（Tec）。用人均科技支出表示，单位是元/人。⑤工资水平（Wage）。用在职职工平均工资表示，单位是百元。以上指标均利用物价指数进行平减处理。本课题选取 2011～2018 年 288 个地级市面板数据，相关数据来源于《中国城市统计年鉴》《中国人口与就业统计年鉴》与各省市统计年鉴，部分缺失数据采用移动平均法换算，并对各变量取对数以降低方程异方差性。具体的描述性统计量见表 5－2。

表 5－2　　　　　　　　变量说明及描述性统计量

变量类型	变量符号	指标名称	指标测算方法	样本量	均值	最小值	最大值
被解释变量	lnTFP	绿色发展	投入－产出法	2304	4.1014	2.8449	4.6042
核心解释变量	lnIndex	数字金融发展指数	北京大学数字普惠金融指数	2304	4.9372	2.8344	5.7137
	lnCover	数字金融覆盖广度		2304	4.8569	0.6206	5.6710
	lnDeep	数字金融使用深度		2304	4.9201	1.4563	5.7859
	lnDigital	数字金融数字化程度		2304	5.1066	0.9933	6.3651

续表

变量类型	变量符号	指标名称	指标测算方法	样本量	均值	最小值	最大值
中介变量	ln$Patent$	技术创新水平	每万人申请专利授权数	2304	7. 1395	2. 7081	11. 8475
	ln$Post$	创新溢出水平	邮政业务收入	2304	1. 3129	−6. 9078	6. 6314
	TL	产业结构升级	泰尔指数	2304	26. 7670	−86. 7241	172. 0504
控制变量	ln$Pgdp$	经济发展水平	人均 GDP	2304	4. 2404	2. 3929	6. 7289
	lnUrb	城镇化率	建成区人口密度	2304	5. 7331	1. 6292	7. 8816
	ln$House$	商品房价格	商品房平均销售价格	2304	2. 0762	1. 2382	4. 0159
	lnTec	科技投入	人均科技支出	2304	2. 6258	−8. 8261	7. 5580
	ln$Wage$	工资水平	在职职工平均工资	2304	4. 4012	1. 2465	5. 4390

资料来源：历年《中国城市统计年鉴》《中国环境统计年鉴》和北京大学数字普惠金融指数。

第三节　实证结果分析

一、基准回归

本课题通过分析发现数字金融与绿色发展二者之间似乎存在正的线性相关性。为具体验证二者之间数量关系，对方程（5-1）采取随机效应模型得到模型 1～模型 4 结果（如表 5-3 所示）。根据模型 1 可知，数字金融对绿色发展具有正向影响，系数在 1% 水平下高度显著，说明推动数字金融有助于实现中国绿色发展。若将数字普惠金融指数三个指标纳入分析范畴，模型 2～模型 4 结果显示，数字金融覆盖广度、数字金融使用深度与数字金融数字化程度对绿色发展影响系数在 1% 水平下显著为正，进一步验证了数字金融有助于实现绿色发展，此结论也与众多学者研究相一致。此外，动态面板模型（差分与系统 GMM）结果也显示，数字金融发展指数、覆盖广度、使用深度与数字化程度对绿色发展影响系数在 1% 水平下显著为正，进一步验证了上述假说。[1]

从普通面板模型估计结果可知，控制变量中对绿色发展存在显著影响的有经济发展水平、城镇化率与商品房价格。其中，经济发展水平与城镇化率影响系数在模型 1 ~ 模型 4 中 1% 水平下显著为正，由于经济发展水平与城镇化率水平越高，整个社会生产效率水平相对较高，高能耗型企业会有所减少，有助于促进中国绿色发展。商品房价格影响系数在各模型中 1% 水平下显著为负，说明房价上涨会抑制中国绿色发展，与房屋租金上涨会影响产业结构合理化密切相关。

表 5 - 3　　　　　　　　　　　基准回归结果

变量	模型 1	模型 2	模型 3	模型 4
ln$Index$	0. 06 *** (0. 0065)	—	—	—
ln$Cover$	—	0. 04 *** (0. 0061)	—	—
ln$Deep$	—	—	0. 06 *** (0. 0064)	—
ln$Digital$	—	—	—	0. 05 *** (0. 0047)
ln$Pgdp$	0. 15 *** (0. 0142)	0. 16 *** (0. 0143)	0. 16 *** (0. 0141)	0. 16 *** (0. 0138)

---

① 因篇幅所限，动态面板模型估计结果未在书中列出，若需要，可向作者索要。

续表

变量	模型 1	模型 2	模型 3	模型 4
ln*Urb*	0.03 *** (0.0106)	0.03 *** (0.0105)	0.03 *** (0.0107)	0.03 *** (0.0107)
ln*House*	-0.05 *** (0.0138)	-0.04 *** (0.0139)	-0.05 *** (0.0138)	-0.04 *** (0.0136)
常数项	3.13 *** (0.0723)	3.17 *** (0.0715)	3.12 *** (0.0732)	3.12 *** (0.0728)
R^2	0.1390	0.1296	0.1387	0.1469
样本数	2304	2304	2304	2304

注：括号内为稳健性标准误，***、**、* 分别表示 1%、5%、10% 显著性水平线下拒绝原假设。本章以下表格注释含义相同，不再重复表述。

二、影响机制

前文论证了数字金融对绿色发展影响的总效应，下一步通过方程（5-2）~方程（5-3）将进一步探讨数字金融对绿色发展的中介效应。模型 5~模型 7 分别考察的是技术创新效应、创新溢出效应与产业结构升级对绿色发展的中介效应（如表 5-4 所示）。根据表 5-4 模型 5~模型 7 结果可知，数字金融有助于提高技术创新水平、产生创新溢出效应与促进产业结构升级，影响系数在各模型中 1% 水平下均显著，且数字金融对绿色发展影响直接效应系数在 1% 水平下显著为正的同时，小于总效应系数，说明中介变量在数字金融实现中国绿色发展过程中发挥中介效应。此外，若将数字金融用数字金融覆盖广度、使用深度与数字化程度替代，回归结果也显示技术创新效应、创新溢出效应与产业结构升级是数字金融对绿色发展影响的中介变量①。

---

① 因篇幅所限，数字金融覆盖广度、使用深度与数字化程度回归结果未在书中列出，若需要，可向作者索要。

表 5 - 4 中介效应模型回归结果

变量	模型 5		模型 6		模型 7	
	专利授权数	绿色发展	邮政业务收入	绿色发展	泰尔指数	绿色发展
$\ln Index$	0.76 *** (0.0158)	0.05 *** (0.0071)	0.43 *** (0.0414)	0.05 *** (0.0071)	- 3.89 *** (0.4995)	0.06 *** (0.0064)
IV	—	0.01 * (0.0071)	—	0.009 ** (0.0047)	—	0.002 *** (0.0002)
$\ln Pgdp$	—	0.14 *** (0.0153)	—	0.14 *** (0.0143)	—	0.17 *** (0.0145)
$\ln Urb$	—	0.02 ** (0.0117)	—	0.02 ** (0.0108)	—	0.02 ** (0.0105)
$\ln House$	—	- 0.06 *** (0.0141)	—	- 0.05 *** (0.0138)	—	- 0.04 *** (0.0138)
$\ln Tec$	0.21 *** (0.0161)	—	—	—	- 2.60 *** (0.4578)	—
$\ln Wage$	—	—	1.02 *** (0.0954)	—	—	—
常数项	2.83 *** (0.0941)	3.18 *** (0.0782)	- 5.32 *** (0.2866)	3.19 *** (0.0793)	52.81 *** (2.4854)	2.99 *** (0.0744)
R^2	0.6458	0.1392	0.3564	0.1391	0.0438	0.1528
样本数	2304	2304	2304	2304	2304	2304

三、异质性检验

由于各地区资源禀赋、气候环境、地理位置、政策导向、文化习俗等差异，导致各地区经济发展水平、数字金融状况、绿色发展等存在较大差异，使得不同地区数字金融对绿色发展影响存在区域差异。为探究该差异，将 288 个地级市划分为大城市、中等城市与小城市①，基于各地区的面板数据使用随机效应模型对方程（5-1）进行估计，结果如表 5-5 所示。

表 5-5　　　　　　　　　　　　　　　异质性检验结果

变量	大城市		中等城市		小城市	
ln*Index*	0.07 *** (0.0187)	—	0.02 ** (0.0131)	—	0.05 *** (0.0087)	—
ln*Cover*	—	0.07 *** (0.0212)	—	0.02 * (0.0119)	—	0.04 *** (0.0081)
ln*Pgdp*	0.30 *** (0.0444)	0.31 ** (0.0435)	0.17 *** (0.0306)	0.17 *** (0.0299)	0.16 *** (0.0211)	0.17 *** (0.0215)
ln*Urb*	0.04 (0.0336)	0.03 (0.0331)	0.06 * (0.0348)	0.06 ** (0.0336)	0.04 *** (0.0141)	0.04 *** (0.0140)
ln*House*	0.04 (0.0355)	0.04 (0.0355)	−0.09 *** (0.0298)	−0.09 *** (0.0299)	−0.05 ** (0.0179)	−0.03 * (0.0180)
常数项	1.92 *** (0.2146)	1.92 *** (0.2111)	3.16 *** (0.2483)	3.15 *** (0.2416)	3.09 *** (0.1102)	3.11 *** (0.1109)
R^2	0.3981	0.3958	0.1197	0.1204	0.1136	0.1021
样本数	408	552	1344	552	1344	1344

异质性检验结果显示，数字金融对大中小城市绿色发展均有显著的促进作用，但促进作用大小存在区域差异，大城市数字金融的促进作用明显强于中小城市，且小城市促进作用会略高于中等城市。控制变量中对大城市绿色发展存在显著影响的有经济发展水平，而城镇化与商品房价格影响

---

① 大中小城市划分标准：依据城市发展研究院发布的《2021 年全国城市综合实力排行榜》，一线城市 4 个、新一线城市 15 个、二线城市 32 个，二线以上城市统称为大城市（51 个城市）；三线城市统称为中等城市（69 个）；四五线城市统称为小城市（168 个）。

系数不显著；中小城市中经济发展水平、城镇化与商品房价格对绿色发展均存在显著影响。若从数字金融构成指标中的数字金融覆盖广度、使用深度与数字化程度来看，其影响系数在 5% 水平下均显著为正[①]，进一步说明了，数字金融有利于实现绿色发展，但该效应在大城市表现更为明显。

以往研究数字金融对产业结构升级（左鹏飞等，2020）的相关研究发现，数字金融对产业结构升级表现为非线性影响。本课题利用面板门限效应模型进一步考察数字金融对绿色发展的非线性关系，将数字金融发展指数以及三个构成指标作为门限变量对方程（5-4）进行估计。为了确定门限值，本课题通过自助法（Bootstrap）迭代 500 次来计算 F 统计值以及相应的门限临界值，结果如表5-6所示。面板门限回归结果显示（见表5-7），数字金融发展指数、数字金融覆盖广度与数字金融使用深度对绿色发展影响存在单一门限效应，而数字金融数字化程度存在双门限效应。以数字金融发展指数为例，单一门限值为 5.4435，当数字金融发展指数低于 5.4435 时，指数每提高 1%，有利于促进绿色发展 0.02%；若高于 5.4435 时，该影响效应变为 0.04%。

表 5-6 面板门限回归结果

门限变量	模型 8	模型 9	模型 10	模型 11
$\ln Index < 5.4435$	0.02 *** (0.0082)	—	—	—
$\ln Index \geqslant 5.4435$	0.04 *** (0.0084)	—	—	—
$\ln Cover < 5.4337$	—	0.009 (0.0075)	—	—

① 因篇幅所限，数字金融使用深度与数字化程度回归结果未在书中列出，若需要，可向作者索要。

续表

门限变量	模型 8	模型 9	模型 10	模型 11
$\ln Cover \geq 5.4337$	—	0.02 *** (0.0080)	—	—
$\ln Deep < 4.7344$	—	—	0.02 ** (0.0109)	—
$\ln Deep \geq 4.7344$	—	—	0.03 *** (0.0096)	—
$\ln Digital < 5.1456$	—	—	—	−0.004 (0.0071)
$5.1456 \leq \ln Digital < 5.1456$	—	—	—	0.007 (0.0062)
$\ln Digital \geq 5.6335$	—	—	—	0.02 *** (0.0064)
常数项	2.91 *** (0.1969)	2.85 *** (0.1970)	2.91 *** (0.1970)	3.11 *** (0.1970)
变量控制	是	是	是	是
地区控制	是	是	是	是
时间控制	否	否	否	否
R^2	0.1678	0.1658	0.1667	0.1850
样本数	2304	2304	2304	2304

表 5 – 7   门槛效应显著性检验及门槛值的估计

门限变量	门槛数	门槛值	F 值	P 值	抽样次数
$\ln Index$	单一门限	5.4435	49.20	0.0660	500
$\ln Cover$	单一门限	5.4337	54.55	0.0020	500
$\ln Deep$	单一门限	4.7344	45.32	0.0760	500
$\ln Digital$	双门限	5.1456	56.75	0.0020	500
		5.6335	24.51	0.0940	

四、稳健性检验

为进一步验证数字金融对中国绿色发展影响，本课题进行如下稳健性检验。

替换核心解释变量。数字金融虽有别于传统金融，但金融机构仍是数字金融的基础，故本课题选取人均年末金融机构存款余额作为数字金融的代理变量，单位是万元，通过替换核心解释变量来验证前文结论的稳健性，得到模型 12 结果（见表 5 – 8）。

表 5 – 8 　　　　　　　　　　　　　稳健性检验结果

变量	模型 12	模型 13	模型 14	模型 15	模型 16	模型 17
ln$Index$	0. 02 * (0. 0144)	0. 06 *** (0. 0065)	0. 10 *** (0. 0111)	0. 05 *** (0. 0068)	0. 06 *** (0. 0098)	0. 10 *** (0. 0070)
ln$Pgdp$	0. 17 *** (0. 0200)	0. 20 *** (0. 0166)	0. 13 *** (0. 0155)	0. 15 *** (0. 0152)	0. 12 *** (0. 0075)	0. 09 *** (0. 0145)
lnUrb	0. 02 ** (0. 0101)	0. 03 *** (0. 0101)	0. 03 ** (0. 0111)	0. 03 *** (0. 0109)	0. 04 *** (0. 0058)	0. 01 (0. 0106)
ln$House$	– 0. 03 ** (0. 0143)	– 0. 05 *** (0. 0137)	– 0. 08 *** (0. 0162)	– 0. 06 *** (0. 0142)	– 0. 10 *** (0. 0137)	– 0. 02 (0. 0148)
ln$Road$	—	– 0. 06 *** (0. 0103)	—	—	—	—
常数项	3. 28 *** (0. 0841)	2. 96 *** (0. 0757)	3. 04 *** (0. 0842)	3. 14 *** (0. 0784)	3. 27 *** (0. 0550)	3. 29 *** (0. 0733)
R^2	0. 1506	0. 1381	0. 1105	0. 1225	0. 1576	0. 1821
样本数	2304	2304	1728	2152	2304	2304

增加解释变量个数。为避免因遗漏变量导致方程（5-1）估计结果存在误差，本课题加入人均拥有城市道路面积（*Road*）解释变量，单位是平方米/人，得到模型 13 结果。

调整样本时间与样本数量。由于各种原因样本时间与样本数量可能会对估计结果产生影响，本课题将样本时间调整为 2012～2017 年以及样本数量剔除副省级以上城市，分别进行回归后得到模型 14～模型 15 结果。

Bootstrap 自抽样法。为避免数据因非随机性对方程估计结果造成的影响，本课题采用 Bootstrap 自抽样法，通过 Bootstrap（1000）进行稳健性豪斯曼检验，得到模型 16 结果。

替换解释变量。本课题测算绿色全要素生产率投入变量中能源增加全社会用水总量，单位是万吨；非期望产出中增加工业废水排放量与工业烟尘排放量，单位分别为万吨和吨，其他投入变量、产出变量以及计算方法与前文一致，得到模型 17 结果。

上述稳健性检验结果显示（如表 5-8 所示），数字金融对中国绿色发展影响系数在不同显著性水平下仍然显著为正，证明了本课题的研究结论具有很强的稳健性。

五、空间计量检验

本课题进一步构建空间计量模型考察数字金融对绿色发展影响是否存在空间效应。国内外学者一般用 MI、GC、G 等指标来衡量各地区空间关联度的大小，其中全局 Moran I（MI）统计量：

$$\mathrm{MI} = \frac{n}{W_0} \frac{\sum_{i=1}^{n} \sum_{j=1}^{n} W_{ij}(Y_i - \bar{Y})(Y_j - \bar{Y})}{\sum_{i=1}^{n} (Y_i - \bar{Y})^2} \qquad (5-6)$$

其中，n 是样本中的区域数量，i，j 指的是任意两个区域单元，Y_i 是区域 i 的观测值，W_{ij} 为空间权重矩阵中第（i，j）个元素，且对于所有 i，$W_{ii}=0$，

$W_0 = \sum\limits_{i=1}^{n} \sum\limits_{j \neq i}^{n} W_{ij}$。MI 值在（ -1，1）之间，大于（小于）0 表示各地区之间存在空间正（负）相关性，数值越大，空间相关性越强，等于 0 表示各地区之间不存在空间相关性。MI 近似服从均值为 $E(I)$ 和方差为 $V(I)$ 的正态分布，即 $E(I) = -\dfrac{1}{n-1}$，$V(I) = \dfrac{n^2(n-1)W_1 - n(n-1)W_2 - 2W_0^2}{(n+1)(n-1)^2 W_0}$，其中，

$W_1 = \dfrac{1}{2} \sum\limits_{i=1}^{n} \sum\limits_{j \neq i}^{n} (W_{ij} + W_{ji})^2$，$W_2 = \sum\limits_{k=1}^{n} (\sum\limits_{j=1}^{n} W_{kj} + \sum\limits_{i=1}^{n} W_{ik})^2$，$MI_Z = \dfrac{I - E(I)}{\sqrt{V(I)}} \sim$ $N(0,1)$。

空间权重选取是衡量各地区之间是否存在空间相关性的前提，包括地理相邻权重、地理距离权重与经济权重等，本课题空间权重选取地理相邻权重，其中地理距离权重（ W_1 ）选用各地级市经纬度差额的平方根值倒数，即 $W_{ij} = 1/(\sqrt{(x_i - x_j)^2 + (y_i - y_j)^2})$，$x_i$ 与 y_i 分别表示各地城市经纬度，而地理相邻权重（ W ）用地理距离权重换算，即 $W_{ij}^* = \dfrac{W_{ij}}{W_{max}}$，其中 W_{ij} 为地理距离权重，当 $0 \leqslant W_{ij}^* < 0.5$ 时，W_{ij}^* 取值为 0；当 $0.5 \leqslant W_{ij}^* \leqslant 1$ 时，W_{ij}^* 取值为 1，将数据代入处理后得到表 5 - 9 结果。

表 5 - 9 　 2011 ~ 2018 年 288 个地级市绿色发展与数字金融发展指数全局 MI 值

项目		2011 年	2012 年	2013 年	2014 年	2015 年	2016 年	2017 年	2018 年
绿色发展	MI 值	0.452	0.369	0.447	0.471	0.461	0.482	0.506	0.463
	MI_Z 值	34.803	28.581	34.484	36.305	35.510	37.094	38.900	35.682
	P 值	0.000***	0.000***	0.000***	0.000***	0.000***	0.000***	0.000***	0.000***
数字金融发展指数	MI 值	0.195	0.225	0.22	0.207	0.2	0.195	0.224	0.277
	MI_Z 值	15.157	17.495	17.097	16.052	15.554	15.175	17.349	21.455
	P 值	0.000***	0.000***	0.000***	0.000***	0.000***	0.000***	0.000***	0.000***

经过检验发现（如表 5 - 9 所示），2011 ~ 2018 年 288 个地级市绿色发

展与数字金融发展指数全局 MI 值均大于零，且 MI_z 值在 1% 水平下均显著，说明绿色发展与数字金融发展指数存在较强的正空间相关性。基于此，本课题利用空间面板杜宾模型考察数字金融对绿色发展影响的空间效应，模型设定如下：

$$GTFP_{it} = \partial_0 + \beta_1 \sum_j^n W_{ij} GTFP_{it} + \partial_1 Index_{it} + \beta_2 \sum_j^n W_{ij} Index$$
$$+ \partial_2 Control_{it} + \mu_i + \omega_t + \varepsilon_{it}$$

$$\varepsilon_{it} = \lambda \sum_{j=1}^n W_{ij,t} \varepsilon_{ij,t} + \mu_t \tag{5-7}$$

其中，β_1、β_2 与 λ 分别表示空间自回归系数、空间自相关系数与空间误差系数，其他变量解释如方程（5-1）。

从空间面板杜宾模型估计结果可知（如表 5-10 所示），数字金融发展指数以及三个构成指标对绿色发展影响系数在 5% 水平下均显著为正，这与基准回归结论相一致。空间自回归系数在模型 18~模型 21 中 1% 水平下显著为正，说明各地区绿色发展存在溢出效应，与相邻地区会采取相似的能源政策、能源技术、模仿效应等密切相关；空间自回归系数在 1% 水平下显著为负，与中国财政分权体制密切相关，各地区政府在发展数字金融的方向受自身资源禀赋、产业结构等因素影响，缺乏统筹协调机制，使得数字金融发展存在一定的"以邻为壑"现象。

表 5-10　　　　　　　　空间面板杜宾模型回归结果

变量	模型 18	模型 19	模型 20	模型 21
ln*Index*	0.05 ** (0.0232)	—	—	—
ln*Cover*	—	0.15 *** (0.0338)	—	—
ln*Deep*	—	—	0.25 *** (0.0406)	—

续表

变量	模型 18	模型 19	模型 20	模型 21
ln*Digital*	—	—	—	0.07 *** (0.0206)
$W \times \ln GTFP$	0.02 *** (0.0007)	0.24 *** (7.55e - 06)	0.24 *** (7.36e - 06)	0.24 *** (8.09e - 06)
$W \times \ln X$	- 0.002 *** (0.0005)	- 0.02 *** (0.0009)	- 0.02 *** (0.0011)	- 0.02 *** (0.0006)
变量控制	是	是	是	是
地区控制	是	是	是	是
时间控制	否	否	否	否
样本数	2304	2304	2304	2304

本 章 小 结

在国内与国际双循环驱动背景下，数字经济与实体经济加速融合发展是未来趋势，以大数据为基础的数字金融与传统金融正逐步融合发展，数字金融所引致的绿色发展促进效应正逐步显现，一定程度上数字金融是促进中国绿色发展的关键所在。本课题基于中国 2011～2018 年 288 个地级市面板数据，利用普通面板模型分析数字金融对绿色发展影响效应与机制，选取技术创新效应、创新溢出效应与产业结构升级作为中介变量，运用中介效应模型实证考察数字金融对绿色发展影响机制，并以数字金融发展指数及三个构成指标作为门限变量，使用面板门限效应模型检验数字金融对中国绿色发展的非线性影响。研究结果表明：第一，数字金融对实现中国绿色发展具有显著的正向影响，并通过一系列稳健性检验。第二，数字金融有助于提高技术创新水平、产生创新溢出效应与促进产业结构升级，并在数字金融促进绿色发展过程中发挥中介效应。第三，数字金融对不同城市绿色发展促进效应存在差异，具体来说，大城市数字金融对绿色发展促进效应相对中小城市而言更高。此外，数字金融促进绿色发展存在门限效应，数字金融发展指数、数字金融覆盖广度与数字金融使用深度存在单一门限效应，数字金融数字化程度存在双重门限效应。第四，利用空间计量模型考察发现，2011~2018 年各地级市数字金融发展指数与绿色发展存在正的空间相关性，实证检验还发现，各地区绿色发展存在空间溢出效应，数字金融发展存在一定的"以邻为壑"现象。

第六章

企业数字化对制造业企业绩效的影响研究

——基于微观企业数据的实证检验

伴随着科学技术的快速发展，数字经济的浪潮逐渐席卷全球，并且尚未到达最高峰。数字经济的到来对我们加快网络强国的建设、顺应信息革命的潮流提出了新的要求。《数字中国发展报告（2021年）》指出，2017～2021年，中国数字经济规模从 27.2 万亿元增至 45.5 万亿元，总量稳居世界第二，成为推动经济增长的主要引擎之一；数据资源价值加快释放，中国数据产量从 2.3ZB 增长至 6.6ZB，全球占比 9.9%，位居世界第二；大数据产业规模快速增长，从 2017 年的 4700 万亿元增长至 2021 年的 1.3 万亿元。① 加快信息化发展、推动数字化转型成为抢占先机、赢得未来的必然选择，这就要求我们必须站在数字经济时代的浪潮中将这个新的机遇牢牢把握在手中，切实增强"现代化建设、信息化先行"的责任感使命感紧迫感，加快推进网络强国、数字中国建设，努力抢占发展制高点、赢得战略主动权。

不过，尽管如前文所述，中国的数字经济发展势不可挡，并且数字经济的发展使得新业态、新模式层出不穷，为制造业企业数字化提供了强劲

---

① 中国信息通信研究院：2015～2023 年《中国数字经济发展与就业白皮书》。

的后盾。但是，许多制造业企业在实际实施数字化的过程中还是感到困难重重、前路漫漫。数字经济时代的到来对于制造业而言既是难得的机遇，也是难以应对的挑战。如何在机遇与挑战并存的数字时代大展身手，对于制造业企业而言是值得深思的话题。根据中国信息通信研究院数据统计，中国制造业增加值占全球比重从 2012 年的 22.5% 提高到 2021 年的近 30%；具体而言，中国制造业增加值从 2012 年的 16.98 万亿元增加到 2021 年的 31.4 万亿元。[①] 制造业对于中国经济的蓬勃发展促进作用不言而喻。然而，不可否认的是中国制造业面临着发展困境。制造业自身存在着利润率低、处于价值链中低端等困境。最大的问题是中国制造业的核心技术"受制于人"，对发达国家的依赖程度高，长期受制于外部技术，缺乏品牌效应和自主产权技术，还处于全球价值链中低端，从"加工工厂"到"技术大国"的转变还需要一定的时间。

"数字+制造"为破解制造业从低端迈向高端以及从"中国制造"走向"中国智造"的困境提供方向。数字化与制造业的结合表明中国进入新工业革命时代，制造业利用大数据、云计算、人工智能、区块链、物联网等新一代信息技术，实现制造业的快速变革，对全球的产业链、价值链和供应链都起到了重要的重塑作用，有利于新一代信息通信技术与实体经济快速融合。企业数字化为制造业企业的发展提供了全新的思路，对制造业企业降低成本、提高产品质量以及提升企业内部控制都有着促进作用。那么，在"数字+制造"的发展背景下，数字化转型对制造企业绩效会产生怎样的影响？内部控制、人力资本结构以及成本率是否会对其产生中介作用？这些影响是否会由于所有制、高新技术企业与否和处于不同生命周期等因素的不同而产生差异？这些问题值得我们进一步去探索和研究。

本课题从直接影响、间接影响以及异质性等方面出发，重点研究企业

---

① 历年《中国统计年鉴》。

数字化对制造业企业绩效的影响。首先，从理论层面上梳理和分析数字化对制造业企业绩效的直接影响机制和内部控制、人力资本结构，以及成本率的间接影响机制，再将企业以不同的标准分成不同的类型进行异质性分析，这对拓展和深化已有的相关研究具有重要的理论意义与现实意义。随着移动互联网、大数据、云计算等技术的深化应用，数字经济与传统经济的深度融合成为了数字经济发展的新特征（荆文君和孙宝文，2019）。企业数字化的发展需要以互联网、大数据和云计算等数字技术为依托，而数字技术与企业的结合起步时间较晚，因此企业数字化转型的理论研究正处于方兴未艾的阶段。当前学术界对数字经济的研究较为丰富，但是对企业数字化的研究还不够完善，缺少深入的研究分析，具体到企业数字化对其绩效的影响和机制研究就更为不足了。探究企业数字化能否助力企业赋能、促进绩效提升是理论界需要解决的一大问题。

在此基础上，可以认为本课题继续研究企业数字化转型对制造业企业绩效的影响是有一定的理论研究意义的，可以很好地补充当前学术界对数字经济这一话题的研究。本课题将从企业数字化的发展进程展开，分析企业数字化的现状，进而分析企业数字化是否对企业绩效有所影响这一研究话题，为企业数字化的研究添砖加瓦。在研究企业数字化和企业绩效之间的影响关系的基础上，本课题还将进一步探究该影响关系的作用机制，通过大量研究文献和理论研究，提出"企业数字化—内部控制—企业绩效""企业数字化—人力资本结构—企业绩效""企业数字化—成本率—企业绩效"这三条路径。并使用实证方法进行检验。因此，本课题研究企业数字化对绩效的影响及其机制探究是具有理论意义的，对这一问题的研究可以更好地引导制造业企业与数字技术的深度融合，有利于制造业企业更好地享有数字化转型红利以及为探寻企业绩效提升的新路径和新机制提供理论支持。

从现实意义来看，本课题研究主要针对制造业企业，研究企业数字化对制造业企业绩效的影响，制造业对于中国经济发展具有重要意义。在数字经济这个大背景下，如何让制造业企业更好地拥抱数字经济、运用数字技术，更好地实现企业发展、增强企业绩效，对广大制造业企业在数字化浪潮中进行数字化转型有一定的指导意义。本课题首先证明了企业数字化对制造业企业绩效是存在正面作用的，因此可以说，该结论可以作为企业未来进一步进行数字化的动力，证实了企业进行数字化是正确的战略，更是为企业带来绩效改善的新突破口。更进一步地，本课题还论证了企业数字化对制造业企业绩效的三条路径，分别从内部控制、人力资本结构和成本率三个方面揭示了影响机制作用。本课题可以为制造业数字化进程和未来的战略部署提供一定的战略指导，以及从内部控制、优化人力资本结构和降低成本率三个层面出发的指导意义，可以帮助企业解决部分经营困境或提供经营思路，这对制造企业的新发展提供了新思路和新增长。

第一节　文献综述与研究假设

本课题研究内容为企业数字化对制造业企业绩效的影响，在论述和实证过程中涉及相关文献，下文将分别对这些文献进行阐述，根据理论提出研究假设，为下文实证与案例分析提供理论支撑和研究佐证。在进一步深入研究企业数字化与制造业企业绩效二者的关系之前，对企业数字化与制造业企业绩效相关文献的梳理是十分有必要的。对文献进行梳理有利于了解目前学术界的研究进度、内容以及方向，也有助于后续研究的顺利进行。文献梳理主要包括企业数字化的内涵、特征和测度以及目前学者对二者关系的研究。一方面，对企业数字化相关研究进行梳理，包括内涵概念、数字化的特征以及测度方法；另一方面，将企业数字化与企业绩效相关研究进行整理，主要包括企业数字化对企业绩效的影响和其中的影响机制进行探究。

一、文献综述

（一）企业数字化相关研究

1. 企业数字化内涵

深入了解企业数字化离不开数字经济这个前提，企业数字化的产生发展与数字经济息息相关。数字经济一词最早出现在泰普斯科特在 1996 年所著的《数字经济时代》，但是在这里面并未对数字经济进行明确的定义。在此之后有学者对数字经济的定义有了明确的概述。如莫尔顿（Moulton，1999）认为，数字经济应当包括电子商务、信息技术、相应信息通信技术基础设施与信息传输、通信、计算机产业。休伊特和菲利普（Howitt and Philippe，1998）则认为，数字经济是一场基于互联网的富有创新意义的技术革新，对新经济而言是新的驱动力。数字技术的应用得当可以大大减少经济活动对环境的负面影响，还可以加强社区合作和社会联系。数字经济的到来使得很多企业开始利用数字技术谋求转变，研究企业数字化需要先了解什么是企业数字化，目前学术界对于企业数字化的内涵还没有形成一个统一的答案。

从企业数字化发展阶段来看：维亚尔等（Vial et al.，2019）认为，企业数字化转型的概念的发展演变可以大致分为以下三个阶段：第一阶段是信息化的过程，在这个过程中模拟信息将转化为数字信息；第二阶段是指利用数字化技术改进业务流程的过程；第三个阶段是战略性的改变商业模式的过程。前两个阶段为第三阶段改变商业模式提供了基础。许宪春和张美慧（2020）则认为，第一阶段是以信息与通信技术驱动的信息化改革，这一阶段的标志是固定电话、传真在商业组织中的普及；第二阶段是以互联网驱动的网络化转型，企业开始利用互联网开展商业活动，并在生产中应用自动化技术；第三阶段是以云计算、大数据、人工智能、移动互联网等技术驱动的数字化转型。当前的企业数字化转型更多的是将人工智能、区块链、云计算和大数据等数字技术渗透进入企业整个的生产经营流程中（吴非等，2021），企业和数字技术牢牢结合在一起，而不是相互剥离。在此基础上传统的企业管理模式可以顺利实现从"工业化"向"数字化"的变革（刘淑春等，2021）。

从应用数字技术角度看：斯彭德（Spender，1996）从企业数字化发展阶段研究绩效与数字化的关系，结合过程理论模型得出结论认为数字技术只有经过技术转换、技术使用和技术竞争这三个阶段，企业才能将技术优势转化为企业绩效。菲茨杰拉德等（Fitzgerald et al.，2014）认为，企业数字化是在企业业务之中充分应用移动互联网、嵌入式设备等数字技术，实现企业业务流程的数字化。沃洛科娃（Volkova，2019）对企业数字化作出了界定，企业数字化是通过结合使用数字技术，触发企业研发设计、制造生产和组织方法等经济活动的各个方面的变化，从而提高实体企业价值创造的过程。肖旭和戚聿东（2019）则认为，企业进行数字化转型是将互联网、物联网、大数据、云计算、人工智能等与其生产经营过程进行深度融合，在此过程中企业能够更深层次、更大范围地接触、吸收和利用外界信息。邱浩然和徐辉（2021）研究发现在农业企业的数字化转型过程中，数字化技术创新能力是影响农业企业绩效的一条正向路径。杜勇和娄靖（2022）发现数字技术的运用极大提升了企业处理非标准化、非结构化数据的能力。

从企业数字化的本质来看：戚聿东和蔡呈伟（2019）认为，数字化企业的本质是收集数据、分析数据，并将数据应用于企业决策以及生产和销售。焦宗双和张雪滢（2020）从工具革命和决策革命角度对企业数字化的本质进行阐述。一方面，企业的工具革命的核心在于帮助企业正确做事，使得企业更好地从传统办公工具到智能办公工具进行转型；另一方面，决策的革命则是工具革命后解决做正确的事的问题，从而助力企业完成从经验决策到"数据+算法"决策的智能化决策的转型。

2. 企业数字化特征

企业数字化具有时代特征。孙育平（2021）认为，信息革命被视为第四次工业革命的到来，互联网及其全球化的普及是其主要特征。经济发展方式与社会治理模式的深刻变革与互联网、大数据、云计算、AI、物联网等在各行业各领域的广泛应用息息相关。世界已进入数字化生存与激烈竞争的全新时代，掌握信息与数据，就是掌握世界发展的未来。新冠疫情更是加速推动了数字时代的到来。在2020年暴发的新冠疫情中，新一代信息技术在疫情防控、生产生活物资保障、复工复产等各环节得到广泛应用，助力科学防控、精准施控，也为中国经济社会全面数字化转型带来新的机遇（吴静等，2020）。

企业数字化的组织变革特征。刘政等（2020）利用微观企业数据，将组织授权作为组织变革的重要特征，实证检验结果表明企业数字化削弱高管权力，增强基层权力，诱使组织向下赋权。这说明数字化通过提升组织信息成本和削减组织代理成本的综合效应，促进了企业分权变革。从组织变革视角看，制造业企业数字化转型可以通过产业布局的战略性变革、研发部门的结构性变革、生产销售的流程主导变革和以人为中心的变革等路径来实现（安家骥等，2022）。

企业数字化的赋能作用需要保证数字化与企业发展相匹配、相融合。陈春花等（2019）通过研究发现，在数字经济大背景和企业数字化转型的浪潮下，需要我们不断去理解智能技术带来的便利和人工智能、深度学习带来的巨大转变，只有在理解和掌握全新的数字化系统后，才能运用到新的要素以及创造新的可能性，为企业提供创新发展的动力。

3. 企业数字化测度

目前关于企业数字化测度方式并没有形成统一的观点，主要分为以下三种。

第一种是通过文本挖掘进行测度。黄大禹等（2021）借助Python软件进行词根识别计数，同时排除词根存在"没""无""不"等否定词前缀的表述情形，并对加总得到的词频进行对数化处理，最终得到衡量企业数字化转型的变量指标。黄漫宇和王孝行（2022）基于 2010~2019 年中国实体上市零售企业的年报信息，采用文本挖掘法测算了零售企业的数字化转型水平。白福萍等（2022）基于文本挖掘方法获取年报披露的数字化转型数据，首先，利用 Python 的功能获取制造业企业年报；其次，手动整理数字化转型标杆企业年报，最后，利用人工手段和计算机联想算法扩展关键词得到与企业数字化相关的 82 个关键词。

第二种使用 IT 投资、电信支出、与数字化相关的无形资产占比衡量企业数字化程度。祁怀锦等（2020）以上市公司财务报告附注披露的年末无形资产明细项中与数字经济相关部分占无形资产总额的比例，以及每年的变化程度作为数字化的代理变量。张永珅等（2021）则采用企业无形资产中数字化相关部分占比衡量企业数字化转型程度。陈小辉等（2022）以 ICT 硬件净额加 ICT 软件净额再除以资产总额得到 dgtize 表示企业数字化水平。

第三种是通过问卷形式获得。王才（2021）通过实地调研和网络问卷共发放调研问卷 490 份，获得调研企业与数字化有关的内容。余菲菲等（2021）基于 283 份企业数字化调查问卷的实证数据，探究企业数字化对创新绩效的双刃剑效应以及组织柔性对企业数字化与创新绩效关系的调节作用。

除了以上三种方式来测量企业数字化程度，还有学者通过其他方式进行测量，如何帆和刘红霞（2019）以企业的临时和定期报告为依据，采用虚拟变量定义企业数字化转型，但该种方法只能用来确认企业是否有实施数字化战略，无法对企业数字化程度进行深度量化。此外，还有将两种方法结合起来度量的方式。斯彭德（Spender，1996）将知识的维度进行详细的划分，并列举了知识的矩阵要素表，他将知识划分为自动性知识、意识性知识、隐性知识和显性知识，他指出隐性知识是一种难以复制且无法模仿的无形价值，但在企业成长中发挥着不可忽视的作用。隐性知识不能被简单编纂或复制，只能在专业人士的观察和亲身实践中通过学习获得，且这一过程往往需要高昂的代价，因此隐性知识对于企业而言是极其宝贵的战略性资源。总体而言，企业数字化的测度方式多种多样，但是主流方法是通过文本挖掘形成相关词频。

（二）企业数字化与企业绩效相关研究

当前，数字化的热潮使得制造业企业也开始重视运用数字技术。宏观层面上，新一代数字技术推动了我国经济的快速发展，成为刺激经济发展的新引擎；微观层面上，还驱使着企业数字化转型，为企业和中国经济高质量发展创造新契机。典型的数字化企业如阿里巴巴、微软、谷歌、亚马逊，应用数字技术改进企业经营管理能力，在生产、研发、运营、营销、管理等环节实现了多维度、多层面、多链条的数字化转型与创新，在促进企业高速发展的同时也拉动了行业以及社会、经济的创新与发展（张夏恒，2020）。在传统的资源观中管理者往往将企业良好的绩效表现归因于其组织资源和协调能力，并未意识到数字技术对其渗透影响。李杰等（Li et al.，2018）和莫夫等（Moeuf et al.，2018）指出，在传统的制造业中，企业在生产环节多是期望通过工人的熟练度或是生产管理者组织协调能力的提高对企业绩效达到提升的效果，忽略了企业自身在数字经济这个大环境下运用数字技术。卡尔瓦诺和保罗（Calvano and Polo，2021）研究发现，企业数字化转型有利于提升企业创新力。李海舰等（2014）和李与贾（Li and Jia，2018）认为，数字化转型还可以加快企业的信息化进程，通过大数据、云计算、区块链、物联网等新技术的应用实现传统制造企业向智能制造转型，提升企业的技术创新能力，进而有助于企业绩效的提升。

1. 企业数字化对企业绩效的影响

相对于微观层面的研究，学术界对于企业数字化研究在宏观层面更多。但是目前学术界已经开始重视研究企业数字化对制造业企业绩效的影响。大多数文献是通过实证研究设计探讨企业数字化对企业绩效的影响。多数学者认为企业数字化能够变革企业的生产经营活动，提高企业价值并对公司治理产生积极的影响。迪金森（Dickinson，2011）利用实证分析发现企业进行数字化转型后，数据驱动会对企业的财务绩效、资本表现等产生正面的促进作用。汪淼军、周黎安及张维迎（2007）通过问卷调查的方式对浙江省1000余家企业的微观财务数据进行了实证分析提出，企业的生产绩效随企业的信息化投入及信息系统（ERP）的增加而增加。白福萍等（2022）构建基于结构方程的多重中介效应模型，研究发现：数字化转型的两个阶段，数字技术应用和数字化商业模式转型都可以显著提升制造企业财务绩效。

也有部分文献指出，并不是所有企业实施数字化对企业绩效都能起到促进作用。例如，徐梦周和吕铁（2020）认为，数字化转型作为一种高度不确定性的变革，其隐性成本是十分高昂的，从而可能导致企业财务绩效下降。戚聿东和蔡呈伟（2020）基于制造业企业的研究发现，制造业数字化转型对其绩效影响存在多重路径，由于在数字化过程中会产生新的管理成本，数字化转型对企业总绩效的影响不显著。

2. 企业数字化对企业绩效的影响机制探究

数字化作为制造业企业应对疫情冲击、提质增效的重要途径，已经成为越来越多企业的战略选择。近年来企业数字化对企业绩效的影响研究方兴未艾，学者们分析了数字化影响企业绩效的不同机制。

较多学者认为企业数字化可以通过提高企业创新能力来促进企业绩效的提高。博兰等（Boland et al.，2007）的研究具有早期学者研究的代表性，该研究集中在数字技术对创新的影响分析上，发现企业分布式技术演进能够以更大的"技术穿透力"契合复杂业务生态场景，这种具有独特节奏和运行轨迹的创新转型给企业带来了较大的经济绩效改善。杨德明和刘泳文（2018）认为，互联网很低的边际成本，以及网络外部性的特征会进一步刺激企业对创新的投入。在互联网经济中，由于网络外部性的作用，任意一个节点的创新都有可能迅速地产生高额回报。易露霞等（2021）认为企业数字化转型带来了更强大的技术创新动能，从而为企业主业绩效提升带来了重要的技术驱动力。

有学者从信息对称方面探讨数字化对企业绩效的影响。如任碧云等（2021）研究发现，在数字化水平影响企业运营绩效过程中，信息对称性水平表现出完全中介效应，即数字化水平对运营绩效的提升作用主要是通过提升企业内部信息对称性水平实现的。韦谊成等（2022）以公司治理作为切入点，理论分析和实证检验数字化转型对公司治理的影响及其内在机制，发现数字化转型通过降低治理的信息不对称程度来提高治理水平，且信息不对称性越低，越有利于公司提高治理水平。

还有从对融资约束方面的影响进行探究。张树山等（2021）基于"智能制造试点示范专项行动"的准自然实验，机制检验结果表明，智能制造通过融资约束渠道提高了企业绩效。李彦龙等（2022）通过机制检验结果发现企业自身数字化、行业和城市溢出效应均会降低企业所面临的融资约束从而促进企业绩效提升。从宏观层面看，郭家堂和骆品亮（2016）通过省级面板数据进行研究后指出，互联网在促进技术进步的同时也会抑制技术效率，由于中国全要素生产率是技术进步型的，互联网应用总体上促进了全要素生产率增长。并且从微观层面看，大部分研究认为数字技术或是ICT投资对企业绩效以及生产率有一个提高的作用。布伦乔尔夫森（Brynjolffson，1996）对微观企业的研究发现，信息技术的成本投入对于企业绩效的贡献开始展现出显著的变化，信息技术对于企业绩效的贡献度达到了81%，且信息技术因素相对于其他影响因素，对于企业绩效的贡献度明显更高。

通过对企业数字化、企业绩效以及二者关系相关研究的已有文献梳理，可以发现，以往的研究中大多是认为企业数字化对企业绩效的影响是通过创新产生的。实际上企业数字化对企业绩效的影响不仅仅是通过创新来改善，内部控制、人力资本结构以及成本率都是值得关注的影响机制。同时可以发现对于数字化对企业绩效的研究中大多集中于全行业的企业，较少关注某一特定企业，然而制造业在中国经济发展中有着举足轻重的地位，研究制造业企业的绩效对于制造业企业的长远发展具有重要意义。

本课题的创新在于以下两个方面：一是研究的深度上进行了创新。本课题在研究企业数字化水平对绩效的影响基础上，进一步研究了影响机制。通过对文献的梳理发现大部分文献在研究影响机制时集中在创新上，认为数字化主要通过创新影响企业绩效。本课题通过中介效应分析，证实了企业内部控制、人力资本结构和成本率均为该"黑箱"中的影响机制路径，具有一定的理论研究意义。二是本课题在模型构建的数据选取上与过往文献不同，主要是更为精确和有说服力。即对解释变量企业数字化的代理变量选取的创新，现有文献尚没有统一使用的企业数字化的代理变量，有些文献使用文本挖掘的方法创造数字化指数，则会存在不够有信服力的缺陷；也有文献直接使用如专利个数等数据作为数字化指数，则可能会存在片面的缺陷；有一部分文献则使用北京大学数字金融研究中心编制的中国数字普惠金融指数来代表区域企业的数字化水平，但无法对应到每一家企业各自具体的数字化水平情况，具有缺少精确度的缺陷。上述三种方法在选取企业数字化的代理变量时都具有一定的局限性。本课题则使用国泰安数据库（CSMAR）于2021年11月新发布的数字经济数据库中的中国上市公司数字化转型程度指标来作为企业数字化转型的代理变量，主要原因是国泰安数据库（CSMAR）是较为权威的金融数据库，并且该企业数字化转型指标可以对应到每一个具体公司，即每一个具体公司在每个年度都有一个具体的指标值，可以将研究企业数字化转型精细化、准确化，并且更有说服力。

二、研究假设

（一）企业数字化对制造业企业绩效的整体影响分析

根据以上四个理论，本课题试图探讨企业数字化对制造业企业绩效的关系，以及企业数字化是通过何种机制对制造业的企业绩效产生影响。信息化的浪潮奔涌而来，企业不断发展壮大的过程中需要通过数字技术对企业进行数字化改造，实现数据和信息的高效整合，优化资源配置效率，以此来实现业务流程与组织结构的变革。在传统的生产过程中，制造业企业的生产设备和数据并未紧密联系在一起，而是处于分离状态。但是随着互联网技术、云计算、AI 和大数据等新型数字技术的出现，制造业企业因时而变，固有的生产方式发生变化。数字化程度的提升使企业内部信息设备日益完善，无论是信息传递效率还是信息透明度均实现了质的飞跃。这意味着对制造业企业而言，企业数字化可以在以下三个方面促进企业绩效的提升：首先，受益于数字技术在企业内部的运用，信息透明度的提高使得企业得以保证经营管理活动正常有序、合法地运行，并且企业数字化可以对财务、人员、资产、工作流程实行有效监管。数字化可以转变企业传统的治理理念和治理模式，提高内部控制质量，进而提升企业绩效。其次，企业数字化过程中，企业传统的管理思维和管理模式会发生变化以此来适应企业数字化。企业数字化设备的引进需要更高素质的人才对企业进行管理，对高学历人才的需求促使企业的人力资本结构得到优化，高端人才在管理企业的过程中对企业绩效起到促进作用。最后，在传统的生产活动中，运用数字技术可以优化企业的数据整合能力，对数据信息快速分析，优化制造业企业对生产各个环节的掌控力，实现精细化管理；另外，数字技术能够实现生产活动资源配置优化，在维持销售额不变的同时减少原材料的浪费、降低人工成本和制造费用，提高企业竞争力。

总体而言，随着制造业企业数字化程度的提高，企业借助数字技术对企业绩效产生正向的影响。

假设 6 - 1：企业数字化程度与企业绩效存在正相关关系。

（二）企业数字化对制造业企业绩效的影响机制分析

1. 企业数字化—内部控制—企业绩效

数字经济时代的到来促使企业生产经营管理的方方面面都发生了重大

的变革。企业的内部控制对于企业的发展壮大具有深远的影响，企业数字化过程中数字技术嵌入企业的生产经营流程，不可避免地会对内部控制产生影响。本课题从企业数字化对内部控制的影响，进而对企业绩效产生影响这两步讨论其影响机制。

首先是企业数字化对于内部控制的影响：一是企业数字化有利于企业内部环境的重新构建，进而提升内部控制水平。数字经济时代，企业处理信息的能力和效率都大大提升，企业内部之间信息共享更加容易，企业经营理念与时俱进，使得企业内部组织结构向扁平化发展，有效改善决策从传递到实施的过程，从而有利于内部控制的提升。基于智能化系统的决策平台和经营生态，能够提高企业关键信息的精确性和时效性，基于大量信息分析的决策体系会使经营者更加理性，提高公司的决策水平。二是提高企业信息透明度，降低委托代理成本。随着数字技术在现代企业中逐渐普及，数字技术赋予的管理思想和内部控制方法也被嵌入企业日常运营，使得企业财务、内部控制等管理过程更加透明。企业数字化能够有效降低信息的扭曲度与操纵性错误的发生概率，显著降低委托代理成本，进而提高企业信息的透明性，从而提高企业的内部控制质量。三是企业数字化还有利于提升风险评估和内部监督水平。企业通过数字技术可以提高对未来风险的预警能力，因此有助于提升内部控制水平。数字化转型有助于提高风险评估、风险应对和监控的准确性和有效性，即数字化转型可以充分运用数据这一生产要素，提升信息利用效率，帮助管理层及时、准确地发现经营过程中的问题，以应对行业、市场中的变化，起到及时监控的效果（林川，2022）。在内部监督方面，智能化完善了内部监督的渠道。作为企业进行内部控制的有效手段，企业综合财务管理水平明显改善。数字经济背景下，许多数字化与智能化技术应用在财务管理中，简化了工作流程，内部控制活动趋于直接和简洁，提升了企业的管理效率，从内部监督的角度提高内部控制水平。

在内部控制对企业绩效的影响方面，较多文献都已经证明了内部控制水平的提高有利于提升企业绩效水平。企业内部控制水平越高，企业信息披露质量也会越高，传递给市场良好的治理能力信号，从而能够降低委托人和受托人之间的代理成本，进而提升企业绩效（黄娟等，2017）。同时，从反方向也可以发现，企业内部控制水平的低下会阻碍企业绩效的提升。也就是诸如非标准审计意见等有缺陷的内部控制的公司，其公司绩效也正好是较差的（杨秀岭，2013）。因此，企业内部控制与企业绩效水平是一个非常直接的影响关系，并且是正相关关系，即企业内部控制水平越高，企业的绩效越卓越，相反则企业内部控制水平越低，企业的绩效越差。

假设 6 - 2：企业数字化程度可以通过提高企业内部控制水平从而促进企业绩效的提升。

2. 企业数字化—人力资本结构—企业绩效

数字化转型通过优化人力资本结构提高企业绩效。在知识经济和信息经济时代，现代企业的竞争本质上是人才的竞争。现如今制造业企业想要在复杂激烈的竞争中脱颖而出、实现企业绩效增长，必须认识到人力资本对企业绩效的重要性，努力实现人力资本的优化配置和提升人力资本水平。人力资本是企业生产经营活动中必不可少的要素，一个企业只有具备足够充实的人力资本才能长远坚实地发展。人力资本中包含了员工所具备的显性知识资源，例如员工的学历程度和办公技能；同时也涵盖其所拥有的诸如工作经验等隐性知识。根据知识基础理论分析，企业所独有的人力资本可以顺应内、外部环境的变化而不断重组和更新。从广义的企业发展看，人力资本在企业生产中的主要功能有两个方面，一是要素功能，即投入物资和人力两个要素才能生产出商品；二是效率功能，即人力资本之间的技术传播和教育培训使尚未成为人力资本的劳动力通过学习成为人力资本的要素，并将经验技巧运用到生产建设的实践中以实现规模增长（刘勇和徐选莲，2020）。企业的智能化发展会形成先进机器设备对低端劳动力的替代，同时数字技术的应用会加大对高学历劳动力的用工需求，优化企业人力资本结构（孙早和侯玉琳，2019）。随着企业人力资本水平的提升，高质量知识资本和人力资本将融入产品的生产和经营过程，产生直接的技术扩散效应，提高企业创新能力（刘维刚和倪红福，2018），推动企业向"微笑曲线"两端攀升，不断降低生产成本，提高企业的生产效率。基于此分析提出如下假设：

假设6-3：企业数字化程度可以通过优化企业人力资本结构从而促进企业绩效的提升。

3. 企业数字化—成本率—企业绩效

制造业企业在制造生产过程的数字化会对生产产生积极的效果，通过降低成本的方式提高企业绩效。首先，数字经济时代，传统的制造业在数字环境的推动下，主动或者被动地开始使用数字技术，而数字技术的应用可以显著改善生产工具的效率，传统的生产工具被企业摒弃，进入智能化时代，智能硬件通过互联互通收集数据，软件端根据程序命令对数据进行智能分析和决策，可以极大地缩短机器检修时间、故障停机时间、工序间切换时间，降低运行维护成本和库存成本，显著提高生产效率（闫德利等，2019）。其次，随着大数据、云计算、机器学习、区块链等数字技术的应用，企业可以对研发设计、原材料采购、产品制造和成品销售等各环节的信息进行收集和分析，有效提高产业链上下游之间的沟通效率，实现产品全生命周期的精细化管理，降低企业的生产成本和管理成本，实现整个供应链资源的最优配置。不仅如此，数字化信息技术的发展还可以有效缓解信息不对称问题（裴长洪等，2018），极大地降低信息搜寻成本、合同履约成本和产品开发成本，提高企业资源的利用效率。最后，数字技术在生产过程中可以对企业产生正面的作用，具体表现为：制造业企业通过人工智能、物联网、大数据等数字技术可以实现生产智能化。生产的智能化会给企业打造一个自分析、自执行、自监控、自维护等的生产制造体系，如无人车间、数字工厂。制造过程数字化能够实现实时生产线监控以加强质量控制，能减少设备停机时间和维修成本以提高设备性能，能基于大数据分析的产品开发和改进从而提高研发效率和市场效益，能提高资源利用效率以及减少资源消耗和生产损失等。

假设6-4：数字化转型可以提升智能生产能力，通过降低成本的方式提高制造业企业绩效。

本课题基于研究中所涉及的相关理论进行梳理并阐述，其中包括信息不对称理论、委托代理理论、知识基础观理论以及索洛悖论，这些理论为后续研究企业数字化和制造业企业绩效二者之间的关系提供了理论支撑，理论阐述后，对数字化对企业绩效的影响机制进行分析，结合四个理论基础提出了相关研究假设，明确研究内容。

第二节　企业数字化与制造业企业绩效现状分析

一、企业数字化发展的宏观现状

由于目前相关统计机构并没有对企业数字化的数据进行统计，而企业数字化是数字经济发展的组成部分，企业数字化的发展情况与数字经济发展息息相关，因此本课题通过对中国数字经济的现状来概述企业数字化的宏观现状。

随着全球范围内数字经济规模的发展壮大，中国数字经济发展格局也逐渐凸显，已发展成为数字经济的中坚力量。2020年突如其来的新冠疫情蔓延全球给中国的经济发展带来了挑战，而面对新冠疫情对经济发展的威胁，数字经济展现了其应对这场挑战的巨大力量。疫情的影响下世界经济更加表现出了易变性、不确定性和竞争性，数字经济的发展和运用为解决这种复杂的环境提供了解决方案。同时数字经济的迅猛发展为中国经济高质量发展和产业升级注入了新的活力。

中国信息通信研究院发布的《全球数字经济白皮书（2022年）》显示，

2021 年全球 47 个主要国家数字经济增加值规模达到 38.1 万亿美元。中国数字经济规模达到 7.1 万亿美元，占 47 个国家总量的 18.5%，仅次于美国的 15.3 万亿美元，位居世界第二。2021 年中国数字经济总体规模已达 45.5 万亿元，较去年同比增长 16.1%，在 GDP 中占比达 39.8%（如图 6 - 1 所示），数字经济对中国经济的贡献不容小觑。

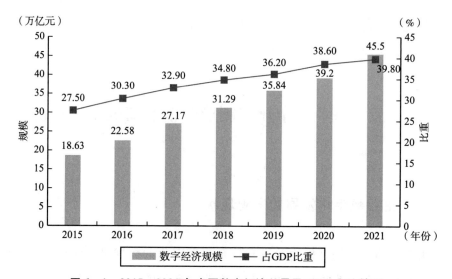

图 6 - 1　2015～2021 年中国数字经济总量及 GDP 占比情况

资料来源：中国信息通信研究院：2015～2022 年《中国数字经济发展与就业白皮书》。

经过新冠疫情的冲击以及世界竞争格局的愈发激烈，大多数产业正在经历"寒冬"，而数字经济时代的到来，让企业们在寒冬中也可以发挥自身的优势，同时也使得更多的企业将发展机会转向数字化和智能化方向。《全球数字经济白皮书（2021 年）》数据显示，2020 年中国产业数字化首次突破 30 万亿元，占总增加值的 80.9%；而数字产业化占比为 19.1%。如图 6 - 2 所示，"两化"发展呈现上升趋势。中国数字经济在产业数字化方面还比较薄弱，产业数字化是制造业与数字化技术相融合应用的部分，而中国制造业拥有世界上门类齐全、独立完整的体系，产业规模已经跃居第一位，产业数字化理应占据更大的比重，说明中国在产业数字化方面还要加大数字技术与传统产业的融合力度，扩大数字技术与传统产业的融合广度。

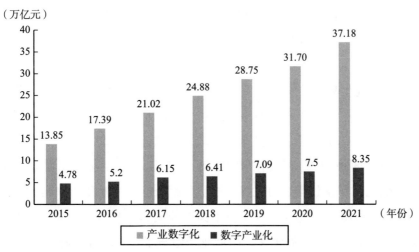

图 6 - 2　2015 ~ 2021 年中国产业数字化与数字产业化规模

资料来源：中国信息通信研究院：2015 ~ 2022 年《中国数字经济发展与就业白皮书》。

二、制造业及制造业企业数字化现状

（一）制造业总体发展现状

改革开放以来，中国制造业快速增长，从 2010 年起中国制造业的规模开始超过美国，居世界首位。中国用几十年的时间走完了发达国家几百年走过的发展历程，创造了世界发展的奇迹。制造业的崛起提高了中国生产力水平，丰富了人民物质与精神文明财富，改善了人民的生活环境。可以说制造业的发展绘就了中国经济腾飞的景象，制造业成为中国在国际竞争中占得一席之位的重要依托。在 2021 年，中国制造业对 GDP 贡献了 27.4% 的份额，其他产业已经难以超越制造业的规模，制造业成为中国经济发展的命脉产业。随着经济全球化的推进，中国制造业在数量与质量上均有所突破,"世界工厂"成为标签,"Made in China"是中国制造业产品遍布世界的象征。但是综合国内外经济形势,中国制造业发展也面临着许多挑战,中国制造业凭借低成本、产品种类丰富已经赢得了广大消费市场,但是也伴随着创新能力薄弱、高端技术产品不足、缺乏核心竞争力等问题,因此可以说当前的中国制造业发展机遇与挑战并存,中国制造业需要勇于面对挑战、抓住主要矛盾、解决难题实现新一轮的突破。

中国制造业基础雄厚,2015~2021年制造业增加值持续上升,从2015年的19.94万亿元上升到2021年的31.4万亿元,具体见图6-3。中国制造业增加值占GDP比重一直处于一个较高的状态,2020年受到新冠疫情的影响制造业增加值有所下降,但是到2021年增幅明显,增加值达到了31.4万亿元,在中国经济中占有举足轻重的地位,近几年来占比下降到30%以下(如图6-3所示),说明中国产业结构有所优化,技术密集型产业和战略性新兴产业发展迅速,制造业开始与服务业融合发展。

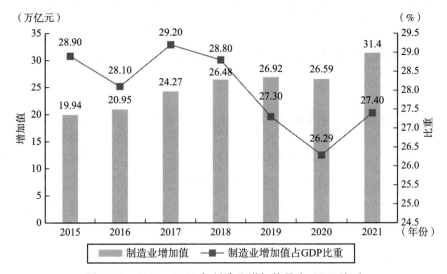

图6-3 2015~2021年制造业增加值及占GDP比重

资料来源:2016~2022年《中国统计年鉴》。

（二）制造业企业数字化发展情况

随着信息技术的普及使用，线上办公、视频会议、远程协同等应用快速推广，中国制造业企业数字化也进入快速发展阶段。目前，制造业企业数字化转型的重心已经放在企业实际生产与数字化技术的融合创新上，具体应用领域主要为数字化车间、智慧工厂、数字化供应链等领域。企业数字化的深入发展离不开生产制造过程中数字基础设施的发展。如图 6-4 所示，制造业关键工序数控化率从 2015 年的 45.4% 上升到 2021 年的 55.3%，大致呈逐年上升趋势；数字化研发设计工具普及率从 2015 年的 61.10% 到 2021 年的 74.7%，逐年稳定上升。关键工序数控化率的不断提高意味着制造业企业可以通过改变传统设计对开发者技能的依赖，应用模拟、仿真、3D 打印等技术，使得生产过程中的错误率降低，从而减少设计成本；并且数字化研发设计工具普及率不断上升，制造业数字化水平不断提升，制造业企业数字化的过程中大量引进工业机器人、数控机床等智能装备，传统的生产制造业过程中有些需要依靠手工操作的工艺步骤通过这些智能装备可以自动完成，降低了企业对于低端劳动力的需求，提高了生产过程的质量和效率。

在传统生产制造企业数字化取得较大成果的同时，我们也不能忽视企业数字化转型仍然存在着许多需要克服的困难。首先从实施数字化的方面来看，制造业企业数字化发展不平衡问题较为突出。从规模来看，一般而言大型企业相较于中小型企业数字化程度更高，中小型企业对于数额较大的数字化改造方案往往难以负担，而性价比较高的数字化方案很难找到，导致其推进数字化的过程受阻。从行业来看，汽车制造、电子信息制造业等产品利润率较高的产业数字化程度比较高，而诸如食品加工制造这类传统的制造业受利润下滑影响数字化进展缓慢（王建平，2022）。其次，企业数字化牵一发而动全身，涉及企业的技术、理念、战略、组织、运营等全方位的变革，在此过程中对于高端的复合型数字人才需求大。但是目前，制造业企业在数字化方面的人才储备严重不足,削弱了企业实施数字化战略的动力。未来,制造业仍然面临着数字化成本剧增、数字化人才短缺、数据使用能力薄弱等的一系列转型问题,国家数字工业想要进一步壮大,就必须继续深化推进企业数字化的融合创新,大力发展工业互联网,推动中小企业上云,进而加快传统制造业数字化转型。

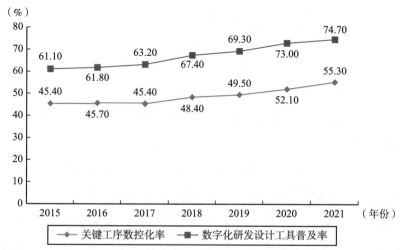

图 6 - 4 2015 ~ 2021 关键工序数控化率及数字化研发设计工具普及率

资料来源:中国信息通信研究院:2015 ~ 2022 年《中国数字经济发展与就业白皮书》。

三、制造业企业数字化对企业绩效的影响

传统制造业企业通过数字化转型能够提升企业盈利能力,企业的新产品销售收入在一定程度上能够代表制造业企业通过数字化提高企业的产品营业收入的能力,而产品的营业收入的提高能促进企业绩效的提升。如图 6 - 5 所示,中国制造业企业的新产品销售收入呈逐年上升趋势,从2015 年的 15.09 万亿元上升至 2020 年的 23.81 万亿元,而前文对企业数字化的宏观发展现状分析中,中国数字经济规模与制造业企业新产品销售收入增长趋势基本同步。可见,随着中国数字经济的发展,制造业企业数字

化水平也不断加深，数字经济发展加快制造业企业数字化转型，通过新产品营收增长从而提升制造业企业的经济效益，企业绩效得到提高。

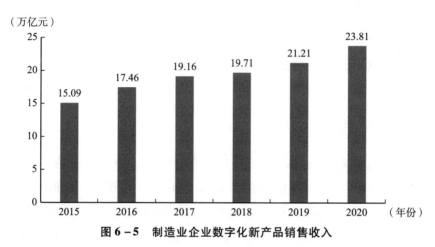

图 6 - 5 制造业企业数字化新产品销售收入

资料来源：中国信息通信研究院：2015～2022 年《中国数字经济发展与就业白皮书》。

本节主要对企业数字化及制造业企业发展现状进行了分析。首先，对企业数字化的宏观现状进行了阐述，由于目前对于微观企业层面的现状研究较少，数据可获得性差，大部分文献都是通过问卷调查来了解企业数字化的发展现状，有鉴于此本章主要从宏观层面分析企业数字化现状。从现状分析中可以看出中国数字经济发展如火如荼，推动着数字产业化与产业数字化迅猛发展。其次，围绕着 2015～2021 年制造业增加值及占 GDP 的比重对制造业现状进行分析，制造业对中国的经济贡献大，对制造业发展需要重视。再次，分析了制造业企业数字化发展情况，制造业关键工序数控化率和数字化研发设计工具普及率都基本呈现逐年上升趋势，但是制造业企业数字化发展不够平衡，数字化人才队伍不够完善。最后，通过制造业新产品销售收入的增长，分析了数字化对制造业企业绩效的影响现状。

第三节　数字化对制造业企业绩效影响的实证分析

一、模型设定与数据说明

（一）数据说明

本课题选取 2015～2021 年在沪深 A 股上市的 205 家企业为研究对象，衡量企业数字化的指标方法借鉴吴非等（2021）的方法，根据上市公司年度报告中与数字化有关的词频进行统计。词频统计源于国泰安数据库（CSMAR），其他企业有关数据均来自万得数据库（Wind）。为避免极端值对结果的干扰，本课题对变量在 99% 和 1% 分位处进行缩尾（Winsorize）处理。在数据样本筛选过程中进行了以下处理：剔除 ST、＊ST 类特殊处理的企业样本，剔除数据缺失的样本；剔除金融类企业。

本课题被解释变量为企业绩效，企业数字化为解释变量，企业规模、企业资产负债率、企业成长性、企业年龄、股权集中度为控制变量。为了进一步厘清该影响机制，通过内部控制、人力资本结构和成本率三个中介变量深入研究企业数字化对制造业企业绩效的影响机制。

（二）被解释变量

本课题将企业绩效设置为被解释变量，选取托宾 Q 值来衡量企业绩效。目前衡量企业绩效的方式主要有用总资产收益率（ROA）或是以托宾 Q 值为代表的基于资本市场收益率的指标。已有文献表明，企业绩效可以采用托宾 Q 值、会计指标 ROA 和净资产收益率（ROE）等指标从市场反应和财务绩效两个角度来度量，但各个指标的侧重点有所不同。企业数字化是将数字技术应用于公司治理，降低企业内外部的交易成本，进而提高企业的绩效水平，显示企业未来较好的成长性和价值。ROA 和 ROE 更多地基于财务报表本身来反映企业的经济绩效，无法显示企业在市场中的成长性，而托宾 Q 值从投资者角度真实衡量企业的发展潜力及投资效益，高 Q 值意味着高产业投资回报率。鉴于此，本研究选取托宾 Q 值来衡量企业绩效。托宾 Q 值 = 市值/资产总计（如表 6 – 1 所示）。

表 6 – 1　　　　　　　　　被解释变量与解释变量相关文献来源

变量类型	变量名称	衡量指标	参考来源
被解释变量	企业绩效	托宾 Q 值	姚冰湜等（2015）；吴建祖和肖书锋（2016）；林心怡和吴东（2021）；潘蓉蓉等（2022）
解释变量	企业数字化	上市公司年报中与企业数字化相关词频总计取自然对数	赵宸宇等（2021）；吴非等（2021）；袁淳等（2021）；王会娟等（2022）

资料来源：词频统计源于 CSMAR 数据库，其他企业有关数据均来自 Wind 数据库。

（三）解释变量

本课题将企业数字化作为核心解释变量，采用的数据来自于 CSMAR 国泰安数字经济研究库中的上市公司数字化词频统计数据。目前研究中衡量企业数字化程度的方式有使用软件等无形资产作为衡量企业数字化程度的方式，还有的会通过直接发放问卷的方式，如王才（2021）通过实地调研和网络问卷形式共发放调研问卷 490 份，研究企业数字化转型实况。但是前者较为片面，企业数字化包含的内容繁多，不仅仅是停留在软件投入和使用上的；而有效问卷易得性差且问卷所涵盖的公司不够多。本课题所采用 CSMAR 国泰安数据库的衡量企业数字化程度的指标，主要由人工智能技术、区块链技术、云计算技术、大数据技术、数字技术应用这五个部分构成，对上市公司年度报告中所出现的有关数字化的词频进行统计（如表 6 – 1 所示）。

（四）中介变量

本课题利用内部控制、人力资本结构和成本率来研究企业数字化对企业绩效影响的中介机制。

内部控制：一般而言内部控制质量越高，企业绩效表现越好。本课题利用"迪博中国上市公司内部控制指数"作为内部控制的代理变量。该指数包含内部控制合规、报告、资产安全、经营、战略五大方面，能够较为权威地反映上市公司内部控制的程度。

"迪博中国上市公司内部控制指数"数值越大，代表企业内部控制质量越高，企业内部控制越有效；相反，数值越小，代表内部控制质量越低，内部控制有效性越低。

人力资本结构：本课题参考赵宸宇等（2021）的研究，采用企业本科及以上学历人员占比（*human_struc*）作为中介变量，对人力资本的机制进行检验。

成本率：对降低成本的机制检验，采用成本率（*cost*）作为中介变量，通过如下公式计算得到，即成本率＝主营业务成本/主营业务收入。

（五）控制变量

企业规模：企业规模是企业经营发展的重要基础，一般而言，企业规模越大，其抵御市场风险的能力越强，越有利于企业绩效的提升，本课题使用企业期末总资产的自然对数来控制企业绩效的潜在规模效应。

资产负债率：即财务杠杆，使用企业的资产负债比率即公司负债总额与账面总资产之比来衡量。该指标反映了企业的资本结构及债务的治理效应。一般而言企业资产负债率越高，将会降低企业绩效。

企业成长性：本课题选择的企业成长性代理指标为营业收入增长率。对于企业而言，高持续的成长性意味着企业有更快发展的可能，一般来说也表明了企业的综合能力越强。综合而言，企业成长能力越强，对公司绩效影响越大。

企业年龄：上市时间越久的企业，业务发展以及经营管理各方面都会更加成熟，越有助于增强企业绩效。

股权集中度：使用企业的第一大股东持股比例来衡量，股权集中程度会影响到公司的决策效率，从而影响企业绩效（如表 6 - 2 所示）。

表 6 – 2　　　　　　　　　　　　　　变量说明

变量类型	变量名称	变量符号	变量定义
被解释变量	企业绩效	*tobinq*	市值/资产总计
解释变量	企业数字化	ln*digital*	上市公司年报中与企业数字化相关词频总计取自然对数
中介变量	内部控制	*ic*	迪博中国上市公司内部控制指数
	人力资本结构	*human_struc*	企业本科及以上学历人员/企业员工
	成本率	*cost*	主营业务成本/主营业务收入
控制变量	企业规模	*size*	企业期末总资产取对数
	资产负债率	*lev*	负债总额/资产总额
	企业成长性	*growth*	当期营业收入增长率
	企业年龄	*age*	样本年份减去企业成立年份
	股权集中度	*first*	第一大股东持股数量/公司总股数

资料来源：企业有关数据均来自 Wind 数据库。

（六）描述性统计

根据以上所涉及的被解释变量、解释变量和中介变量进行描述性的统计分析。结果如表 6 – 3 所示。

表 6 – 3　　　　　　　　　　　　　　描述性统计

变量	样本量	均值	标准差	最小值	最大值
tobinq	1435	2.079	1.643	0.821	11.39
ln*digital*	1435	2.250	0.950	0.693	4.543
ic	1435	635.5	160.9	0	843.2
human_struc	1435	0.195	0.146	0	0.644
cost	1435	0.761	0.130	0.321	0.968
size	1435	22.89	1.314	20.06	26.55
growth	1435	12.45	24.29	−49.22	111.2
lev	1435	0.458	0.180	0.0720	0.950
age	1435	22.05	5.232	9	37
first	1435	33.58	15.18	8.410	76.18

资料来源：词频统计源于 CSMAR 数据库，其他企业有关数据均来自 Wind 数据库。

从全变量描述性统计结果可以看到（见表 6 - 3），被解释变量企业绩效 *tobinq* 的均值是 2.079，标准差是 1.643，最小值是 0.821，最大值是 11.39，由此我们可以看出，总体而言企业绩效良好，但制造业企业之间绩效差距较大可能与企业发展规模、企业性质和发展阶段等因素有关。解释变量企业数字化的均值为 2.250，标准差为 0.950，最小值和最大值分别为 0.693 和 4.543，企业之间数字化程度差距也较大。中介变量内部控制均值是 635.5，标准差是 160.9，最小值是 0，最大值是 843.2，企业内部控制差距过大，原因是含上市公司内部控制评价报告中主动披露存在重大缺陷、内部控制评价结论为无效或会计师事务所在内部控制审计报告中披露的重大缺陷以及内部控制审计意见为否定意见等情况，内部控制会为 0；人力资本结构的均值是 0.195，标准差是 0.146，最小值是 0，最大值是 0.644；成本率的均值是 0.761，标准差是 0.130，最小值是 0.321，最大值是 0.968。

二、模型构建

根据以上的被解释变量、解释变量以及控制变量，为了研究企业绩效与企业数字化之间的相关关系，先构建全样本回归模型。具体模型如下：

$$tobinq_{i,t} = \alpha_0 + \alpha_1 \ln digital_{i,t} + \alpha_2 size_{i,t} + \alpha_3 lev_{i,t} + \alpha_4 growth_{i,t}$$
$$+ \alpha_5 age_{i,t} + \alpha_6 first_{i,t} + \mu_i + \gamma_t + \varepsilon_{i,t} \tag{6 - 1}$$

根据模型（6 - 1），若 α_1 为正，则说明企业数字化程度的增加，会提升企业的绩效水平，企业数字化程度对企业绩效有正面影响；若 α_1 为负，则说明企业数字化程度的增加，会降低企业的绩效水平，企业数字化程度对企业绩效有负面影响。

更进一步地，为了探究企业数字化程度对企业绩效的影响路径，本课题在上述全样本回归模型的基础上，建立以下模型来检验中介影响机制。

检验"企业数字化—内部控制—企业绩效"路径：

$$tobinq_{i,t} = \alpha_0 + \alpha_1 \mathrm{ln}digital_{i,t} + \alpha_2 size_{i,t} + \alpha_3 lev_{i,t} + \alpha_4 growth_{i,t}$$
$$+ \alpha_5 age_{i,t} + \alpha_6 first_{i,t} + \mu_i + \gamma_t + \varepsilon_{i,t} \qquad (6-2)$$

$$ic_{i,t} = \alpha_0 + \alpha_1 \mathrm{ln}digital_{i,t} + \alpha_2 size_{i,t} + \alpha_3 lev_{i,t} + \alpha_4 growth_{i,t}$$
$$+ \alpha_5 age_{i,t} + \alpha_6 first_{i,t} + \mu_i + \gamma_t + \varepsilon_{i,t} \qquad (6-3)$$

$$tobinq_{i,t} = \alpha_0 + \alpha_1 ic_{i,t} + \alpha_2 \mathrm{ln}digital_{i,t} + \alpha_3 size_{i,t} + \alpha_4 lev_{i,t} + \alpha_5 growth_{i,t}$$
$$+ \alpha_6 age_{i,t} + \alpha_7 first_{i,t} + \mu_i + \gamma_t + \varepsilon_{i,t} \qquad (6-4)$$

检验"企业数字化—人力资本结构—企业绩效"路径：

$$human\_struc_{i,t} = \alpha_0 + \alpha_1 \mathrm{ln}digital_{i,t} + \alpha_2 size_{i,t} + \alpha_3 lev_{i,t} + \alpha_4 growth_{i,t}$$
$$+ \alpha_5 age_{i,t} + \alpha_6 first_{i,t} + \mu_i + \gamma_t + \varepsilon_{i,t} \qquad (6-5)$$

$$tobinq_{i,t} = \alpha_0 + \alpha_1 human\_ struc_{i,t} + \alpha_2 \mathrm{ln}digital_{i,t} + \alpha_3 size_{i,t} + \alpha_4 lev_{i,t}$$
$$+ \alpha_5 growth_{i,t} + \alpha_6 age_{i,t} + \alpha_7 first_{i,t} + \mu_i + \gamma_t + \varepsilon_{i,t} \qquad (6-6)$$

检验"企业数字化—成本率—企业绩效"路径：

$$cost_{i,t} = \alpha_0 + \alpha_1 \mathrm{ln}digital_{i,t} + \alpha_2 size_{i,t} + \alpha_3 lev_{i,t} + \alpha_4 growth_{i,t}$$
$$+ \alpha_5 age_{i,t} + \alpha_6 first_{i,t} + \mu_i + \gamma_t + \varepsilon_{i,t} \qquad (6-7)$$

$$tobinq_{i,t} = \alpha_0 + \alpha_1 cost_{i,t} + \alpha_2 \mathrm{ln}digital_{i,t} + \alpha_3 size_{i,t} + \alpha_4 lev_{i,t} + \alpha_5 growth_{i,t}$$
$$+ \alpha_6 age_{i,t} + \alpha_7 first_{i,t} + \mu_i + \gamma_t + \varepsilon_{i,t} \qquad (6-8)$$

三、相关性分析

在回归分析之前，需要对变量进行相关分析，以避免多重共线性对分析结果的可能干扰。因此，本课题对被解释变量、解释变量、控制变量和中介变量进行了 Pearson 相关性分析，统计结果见表 6-4。

从表 6-4 各变量相关性结果可知，首先，除个别变量外，各个自变量相关性系数都小于 0.5，所以基本上可以假设没有多重共线性，可以排除对回归结果的干扰。并且各个控制变量与被解释变量都呈现较强的相关性，因此选取的控制变量具有一定的可靠度。由于变量之间的因果关系并不能通过相关性分析确定，因此后续将继续进行回归分析。

表6-4

变量相关性分析

变量	tobinq	lndigital	ic	human_struc	cost	size	growth	lev	age	first
tobinq	1									
lndigital	-0.009	1								
ic	-0.148***	0.099***	1							
human_struc	0.094***	0.238***	-0.0390	1						
cost	-0.213***	-0.00800	-0.0380	-0.079***	1					
size	-0.393***	0.161***	0.309***	0.142***	-0.0130	1				
growth	0.059**	0.151***	0.122***	-0.0120	-0.137***	0.063**	1			
lev	-0.197***	0.0400	-0.0430	0.00400	0.290***	0.361***	-0.0180	1		
age	-0.0310	0.109***	0.0380	0.052*	0.118***	0.151***	-0.0370	0.128***	1	
first	-0.00500	-0.106***	0.076***	0.0220	-0.004	0.124***	-0.066**	0.049*	-0.229***	1

资料来源：***、**、* 分别表示在1%、5%、10%的显著性水平。词频统计源于 CSMAR 数据库，其他企业有关数据均来自 Wind 数据库。

四、全样本回归分析

对于全样本回归，本课题对该模型做了两种回归。模型（1）仅包含被解释变量 *tobinq* 和解释变量 ln*digital*；模型（2）包含的是被解释变量 *tobinq* 与解释变量 ln*digital* 和其他所有控制变量。通过该全样本回归分析可知（如表 6-5 所示），在模型（1）和模型（2）中，企业绩效与企业数字化都在 1% 的水平下显著，并且相关系数分别为 0.154 和 0.176。结果表明企业数字化对企业绩效具有正向提升作用，假设 1 得到验证。

表 6-5　　　　　　　　　　全样本回归

变量	（1）	（2）
	tobinq	*tobinq*
ln*digital*	0.154 *** （0.054）	0.176 *** （0.054）
size		−0.509 *** （0.109）
growth		0.002 （0.001）
lev		0.880 ** （0.346）
age		0.456 *** （0.144）
first		−0.003 （0.006）
常数项	1.976 *** （0.400）	−0.716 （5.491）
城市效应	是	是

变量	(1)	(2)
	tobinq	*tobinq*
年份效应	是	是
样本数	1435	1435
R^2	0.67	0.68

注：***、**、*分别表示在1%、5%、10%的显著性水平，括号内的数值为t值。本章以下表格注释含义相同，不再重复表述。

五、中介效应分析

通过全样本回归分析，本课题已初步证实了假设1，即企业数字化对制造业企业绩效具有正向提升作用。更进一步地，为了深入探究内部控制、人力资本结构以及成本率在企业数字化对企业绩效影响中发挥的中介效应，本部分对"企业数字化—内部控制—企业绩效""企业数字化—人力资本结构—企业绩效"和"企业数字化—成本率—企业绩效"这三条路径做回归分析，以探究是否存在相应的中介效应。

$$tobinq_{i,t} = \alpha_0 + \alpha_1 \ln digital_{i,t} + \alpha_2 \ln size_{i,t} + \alpha_3 lev_{i,t} + \alpha_4 growth_{i,t}$$
$$+ \alpha_5 age_{i,t} + \alpha_6 first_{i,t} + \mu_i + \gamma_t + \varepsilon_{i,t} \qquad (6-9)$$

$$M_{i,t} = \beta_0 + \beta_1 \ln digital_{i,t} + \beta_2 \ln size_{i,t} + \beta_3 lev_{i,t} + \beta_4 growth_{i,t}$$
$$+ \beta_5 age_{i,t} + \beta_6 first_{i,t} + \mu_i + \gamma_t + \varepsilon_{i,t} \qquad (6-10)$$

$$tobinq_{i,t} = \gamma_0 + \gamma_1 M_{i,t} + \gamma_2 \ln digital_{i,t} + \gamma_3 \ln size_{i,t} + \gamma_4 lev_{i,t}$$
$$+ \gamma_5 growth_{i,t} + \gamma_6 age_{i,t} + \gamma_7 first_{i,t} + \mu_i + \gamma_t + \varepsilon_{i,t} \qquad (6-11)$$

本课题参考了温忠麟和叶宝娟的中介效应检验三步法来检验内部控制的中介作用：首先，将解释变量数字化水平（*digital*）对被解释变量企业绩效（*tobinq*）进行回归，若 α_1 回归结果显著，则按中介效应立论；其次，将解释变量数字化水平（*digital*）对中介变量进行回归，观察回归系数是否显著；最后，将解释变量数字化水平（*digital*）与中介变量对被解释变量企业绩效（*tobinq*）进行回归，观察回归系数是否显著。如果 γ_1 回归结果显著，则中介变量在解释变量数字化水平（*digital*）与被解释变量企业绩效（*tobinq*）之间存在中介效应；如果 γ_2 结果显著，且数值小于 α_1，则说明在控制了中介变量之后，解释变量数字化水平（*digital*）对被解释变量企业绩效（*tobinq*）仍旧显著，中介变量在数字化水平（*digital*）与企业绩效（*tobinq*）中起到部分中介效应。

（一）内部控制路径

本课题首先探究内部控制变量是否造成了中介效应，选用"迪博中国上市公司内部控制指数"作为代理变量。如表6-6所示，列（1）是没有中介变量 *ic* 的情况下，被解释变量 *tobinq* 与解释变量 *digital*、控制变量的回归模型；列（2）是中介变量 *ic* 和解释变量 *digital*、控制变量的回归模型；列（3）是加入控制变量和中介变量后的被解释变量 *tobinq* 和解释变量 *digital* 的回归模型。

表6-6 内部控制中介效应分析

变量	(1)	(2)	(3)
	tobinq	*ic*	*tobinq*
ln*digital*	0.176 *** (0.054)	12.205 ** (5.951)	0.168 *** (0.054)
ic			0.001 ** (0.000)
size	-0.509 *** (0.109)	61.148 *** (12.027)	-0.548 *** (0.110)
growth	0.002 (0.001)	0.350 ** (0.147)	0.001 (0.001)
lev	0.880 ** (0.346)	32.777 (38.304)	0.860 ** (0.345)

续表

变量	(1)	(2)	(3)
	tobinq	*ic*	*tobinq*
age	0.456*** (0.144)	-102.504*** (15.935)	0.520*** (0.146)
first	-0.003 (0.006)	1.476** (0.678)	-0.004 (0.006)
常数项	-0.716 (5.491)	2306.574*** (607.795)	-2.160 (5.512)
城市效应	是	是	是
年份效应	是	是	是
样本数	1435	1435	1435
R^2	0.68	0.59	0.68

表6-6列(2)估计结果表明,随着企业数字化战略的实施,内部控制质量得以提升,这是因为企业数字化有助于内部控制五要素的有效实施(如表6-6所示)。一方面,制造业企业数字化对于提高企业内部控制在组织结构中的科学性具有重要作用,企业数字化过程是企业组织结构的一种创新变革,在此过程中企业的商业模式发生变化,销售渠道也会更加先进。另一方面,企业数字化提高风险评估、风险应对和监控的准确性和有效性。企业数字化过程中,大数据这一数字技术可以充分运用数据这一生产要素,提升信息利用效率,帮助管理层及时、准确地发现经营中的问题,以应对行业、市场的变化,起到及时监控的作用。该回归结果显明了在企业内部控制传导路径的中介效应下,企业数字化程度影响着企业的绩效。表6-6列(3)报告了内部控制的中介效应检验结果,可以看出内部控制变量的估计系数显著为正,同时企业数字化总指数变量依然显著,说明数字化通过内部控制提高了企业绩效。假设2得到验证。

(二) 人力资本路径

本课题接着探究人力资本结构这个中介变量是否存在中介效应。表6-7列 (2) 的估计结果表明,企业数字化可以优化企业的人力资本结构,提高企业人力资本水平。表6-7列 (3) 报告了人力资本的中介效应检验结果,可以看出企业数字化通过人力资本结构的优化提高了企业绩效。一方面,企业数字化会减少企业对低端劳动力的需求,由于数字化生产和管理设备的引进,以及企业数字化实施过程中研发设计、物流营销、管理咨询和系统集成等方面都需要高端人才,企业可以更容易地将技术和知识要素融入产品和服务中,推动企业的效率改进 (袁富华等,2016)。另一方面,随着企业高端人力资源配置能力的提高,拥有不同知识的个体之间相互交流和启发,通过知识的外溢效应推动企业协同创新,进而提升企业绩效,假设3得到验证。

表6-7   **人力资本结构的中介效应分析**

变量	(1)	(2)	(3)
	tobinq	*human_struc*	*tobinq*
ln*digital*	0.176 *** (0.054)	0.007 *** (0.003)	0.162 *** (0.054)
human_struc			1.832 *** (0.582)
size	− 0.509 *** (0.109)	0.024 *** (0.005)	− 0.553 *** (0.109)
growth	0.002 (0.001)	0.000 (0.000)	0.002 (0.001)
lev	0.880 ** (0.346)	− 0.024 (0.017)	0.925 *** (0.345)
age	0.456 *** (0.144)	− 0.010 (0.007)	0.473 *** (0.144)

变量	(1)	(2)	(3)
	tobinq	*human_struc*	*tobinq*
first	− 0.003 (0.006)	− 0.002 *** (0.000)	0.000 (0.006)
常数项	− 0.716 (5.491)	− 0.030 (0.269)	− 0.661 (5.471)
城市效应	是	是	是
年份效应	是	是	是
样本数	1435	1435	1435
R^2	0.68	0.9	0.68

(三) 成本率路径

本课题最后探究成本率这个中介变量是否存在中介效应。表6 – 8 列 (2) 的估计结果表明,企业数字化可以显著降低企业的经营成本。表6 – 8 列 (3) 为降低成本机制的中介效应检验结果,可以看出企业数字化通过降低成本的方式提高了企业绩效。首先,在生产活动中,一方面企业应用数字技术可以更好地控制生产的各个环节,实现精细化管理;另一方面,MES、CRM、和 ERP 等数字技术能够实现生产活动资源配置优化,降低人工成本和制造费用,提高企业竞争力。其次,企业数字化运用数字技术,如云计算可以缓解供需双方的信息不对称问题,实现供需双方的精确匹配,帮助企业以更低的价格获得优质的上游供给。传统制造业很多时候面临着库存周期长的问题,企业数字化可以有效克服这个问题,这样可以降低搜索成本和渠道成本。另外,通过建立产供销一体化信息系统,可以实现灵活的库存管理和销售订单的全程跟踪,从而降低企业管理成本和制造成本,假设4 得到验证。

表 6 – 8   成本率的中介效应分析

变量	(1)	(2)	(3)
	tobinq	*cost*	*tobinq*
ln*digital*	0.176 *** (0.054)	– 0.004 * (0.002)	0.162 *** (0.053)
cost			– 3.266 *** (0.691)
size	– 0.509 *** (0.109)	– 0.004 (0.004)	– 0.522 *** (0.108)
growth	0.002 (0.001)	– 0.000 ** (0.000)	0.001 (0.001)
lev	0.880 ** (0.346)	0.137 *** (0.014)	1.326 *** (0.356)
age	0.456 *** (0.144)	– 0.018 *** (0.006)	0.397 *** (0.143)
first	– 0.003 (0.006)	0.000 * (0.000)	– 0.002 (0.006)
常数项	– 0.716 (5.491)	1.315 *** (0.226)	3.579 (5.519)
城市效应	是	是	是
年份效应	是	是	是
样本数	1435	1435	1435
R^2	0.66	0.91	0.68

六、异质性分析

通过全样本分析只能了解到所选样本整体的企业数字化对企业绩效的影响，但是每个企业的性质、发展阶段都有所不同。为了更好地探究企业数字化对企业绩效的影响，本部分将企业分为国有和非国有、高新技术和非高新技术，以及不同企业生命周期进行异质性检验。

（一）企业所有权性质的异质性分析

本课题针对企业的所有权性质，对国有和非国有企业进行分组回归，回归结果如表6－9列（1）和列（2）所示，企业数字化对于国有企业在1%的水平上显著正相关，当数字化提升一个单位时，国有企业绩效提高0.247个单位。而非国有企业并未能表现出显著的相关性。究其原因，主要是由于国有企业不仅具有较为充足的物力、财力和人力资源，有着更强的企业数字化能力，而且国有企业作为贯彻执行国家重点战略方针的主力军，需要主动担负起国家和社会所赋予的使命，响应政府号召。因此，在数字经济时代，国有企业更有责任顺应时代潮流，推动企业数字化转型，承担更多社会责任，因而企业数字化对国有企业绩效展现出更好的促进作用。

表6－9 企业所有制性质异质性分析

变量	（1）	（2）
	tobinq	*tobinq*
ln*digital*	0.247 *** (0.074)	0.084 (0.109)
size	−1.054 *** (0.150)	−0.218 (0.221)
growth	0.001 (0.002)	0.003 (0.003)
lev	1.382 *** (0.516)	2.805 *** (0.666)
age	0.818 *** (0.154)	−0.934 ** (0.426)

续表

变量	(1)	(2)
	tobinq	*tobinq*
first	−0.004 (0.008)	−0.015 (0.013)
常数项	0.000 (0.00)	35.014** (14.498)
城市效应	是	是
年份效应	是	是
样本数	616	819
R^2	0.69	0.65

（二）企业生命周期的异质性分析

由于企业在不同生命周期中的行为取向有所差异，本课题参考迪金森（Dickinson，2011）和黄宏斌等（2016）基于组合现金流的划分方法，按照经营、筹资、投资净现金流量，把企业划分为成长期、成熟期和衰退期三个阶段，进行分组回归。表6－10列（1）~列（3）分别是企业处于成长期、成熟期和衰退期的回归结果。回归结果显示，当企业处于成长期与成熟期时，企业数字化对于企业绩效的影响在1%的水平上显著，企业数字化对于成熟期企业的绩效表现具有更强的促进作用。对于处在成长期的企业来说，需要快速成长，这个时期进行数字化可以使得企业创造更多的经济价值，加快新兴企业的成长；当企业处于成熟期时，此时企业的资金和现金流都较为丰富，企业在这个阶段进行数字化，往往会创造出更多的非经济价值，从而使企业数字化对成熟期的企业绩效表现展现出更好的促进作用；对于处在衰退期的企业来说，企业进行数字化转型可以转变企业过时的经营模式，使得企业绝处逢生，创造更多新兴经济价值，扭转企业衰退局势，但是这个时期的企业对于数字化已经是有心而无力了。

表 6 – 10 　　　　　　　　　生命周期的异质性分析

变量	(1)	(2)	(3)
	tobinq	*tobinq*	*tobinq*
ln*digital*	0. 224 *** (0. 068)	0. 270 *** (0. 100)	0. 095 (0. 137)
size	- 0. 272 * (0. 139)	0. 082 (0. 253)	- 1. 013 *** (0. 312)
growth	0. 004 *** (0. 002)	0. 001 (0. 003)	0. 003 (0. 003)
lev	- 0. 899 * (0. 486)	- 0. 241 (0. 793)	2. 335 *** (0. 803)
age	0. 008 (0. 217)	- 2. 135 *** (0. 824)	1. 131 *** (0. 383)
first	- 0. 026 *** (0. 008)	0. 044 *** (0. 011)	- 0. 060 *** (0. 019)
常数项	8. 891 (7. 478)	65. 122 ** (26. 316)	0. 000 —
城市效应	是	是	是
年份效应	是	是	是
样本数	544	573	318
R^2	0. 79	0. 74	0. 9

（三）是否为高新技术企业异质性分析

一般而言，高新技术企业与非高新技术企业对数字化的敏感度有所不同，因此高新技术企业与非高新技术企业的数字化水平提升对绩效的影响程度很可能也是不一样的。本课题进一步将全样本分为高新技术企业和非高新技术企业，分别对上述两组重新进行了分样本回归，得到的回归结果如表 6 – 11 所示。根据回归结果，可以发现高新技术组的样本呈现出数字化水平对企业绩效的显著提升作用，系数为 0.230，在 1% 的水平下显著，这说明高新技术企业数字化水平带来的绩效提升作用非常显著。但同时，非高新技术组企业数字化水平带来的绩效提升作用非常微弱。

高新技术企业进行数字化转型对企业可持续发展的助力作用更明显，原因在于高新技术企业是知识密集、技术密集的经济实体，以技术为核心竞争力的企业对先进技术的敏感性更高，包容度更高，对技术更新迭代的需求更强烈，推动企业进行数字化转型的意愿也更强。

表 6 – 11 　　　　　　　　是否为高新技术企业异质性分析

变量	(1)	(2)
	tobinq	*tobinq*
ln*digital*	0.230 *** (0.086)	0.087 (0.071)
size	− 0.513 *** (0.174)	− 0.479 *** (0.159)
growth	0.001 (0.002)	0.000 (0.002)
lev	1.276 ** (0.522)	0.424 (0.518)
age	0.914 *** (0.197)	− 0.201 (0.214)
first	− 0.008 (0.011)	0.003 (0.007)
常数项	0.000 (0.00)	19.292 ** (7.792)
城市效应	是	是
年份效应	是	是
样本数	688	747
R^2	0.72	0.68

七、内生性及稳健性检验

（一）内生性检验

1. 反向因果问题

本课题有可能因为反向因果而产生的内生性问题，从而使回归分析结果有所偏误。具体来说，一方面，企业数字化会对制造企业绩效产生正向影响；另一方面，高绩效企业也可能会更重视企业的数字化建设，加大对于企业数字化的投入。因此，企业数字化可能会和企业绩效之间构成双向因果关系。为了尽可能缓解该问题对研究结论造成的内生性影响，本课题采用工具变量法加以处理，参照范合君和吴婷（2021）的做法，将解释变量的一阶滞后项作为工具变量。回归结果如表6-12列（1）和列（2）所示，其中第（1）列是工具变量对主回归解释变量的回归结果，可见滞后一期的数字化（L. $digital$）与前文解释变量（$digital$）的回归系数为0.2870，且在1%的置信水平上显著，表明工具变量与内生解释变量之间有较强的相关性。第（2）列的回归结果显示，企业数字化（$digital$）与企业业绩（$tobinq$）的回归系数为0.344，且在5%的置信水平上显著。工具变量检验 Kleibergen-Paap rk LM 统计量为62.30（p 值为0.000），拒绝不可识别的原假设，Kleibergen-Paap rk W ald F 统计量为103.719，大于10%的 Stock-Yogo 标准（16.38），拒绝弱工具变量的原假设。由以上结果可知，即本课题核心结论依旧稳健可信。

2. 遗漏变量问题

本课题借鉴李百兴等（2019）的研究，采用 PSM 配对后进行回归。本课题将企业数字化转型程度取中位数，若样本大于中位数取值为1，否则为0；然后将企业规模（$size$）、资产负债率（lev）、企业成长性（$growth$）、企业年龄（age）、股权集中度（$first$）等变量作为协变量计算倾向得分，随后采用1∶1近邻匹配，并对匹配后的样本进行回归，结果见表6－12，由列（3）的结果可知，企业数字化对企业业绩的积极影响在10%的水平上显著，说明前述结论是稳健的。

表6－12 内生性检验

变量	（1）第一阶段 lndigital	（2）第二阶段 tobinq	（3）PSM tobinq
L. lndigital	0. 2870 *** (0. 028)		
lndigital		0. 344 ** (0. 171)	0. 1351 * (0. 082)
size	0. 1240 ** (0. 063)	－ 0. 367 *** (0. 114)	－ 0. 4900 *** (0. 109)
growth	0. 0015 ** (0. 001)	0. 002 (0. 001)	0. 0016 (0. 001)
lev	－ 0. 0699 (0. 197)	0. 595 * (0. 343)	0. 8639 ** (0. 347)
age	0. 1231 (0. 081)	0. 736 *** (0. 143)	0. 4618 *** (0. 144)
first	0. 0000 (0. 003)	－ 0. 008 (0. 006)	－ 0. 0037 (0. 006)
常数项	－ 6. 1187 * (3. 630)	－ 17. 853 *** (6. 421)	－ 1. 1330 (5. 507)
城市效应	是	是	是
年份效应	是	是	是
样本数	1230	1230	1435
R-squared	0. 796	0. 724	0. 67
Kleibergen-Paap rk LM	62. 30		
Kleibergen-Paap rk Wald F	103. 719		

（二）稳健性检验

1. 替换被解释变量

用 ROA（资产收益率）来替换原被解释变量托宾 Q 值，从而检验企业数字化是否依然对制造业企业绩效有影响。从表 6 - 13 第（1）列中可以看到，替换被解释变量后，回归结果和前文一致，即企业数字化对制造业企业绩效有正向影响。

2. 剔除 2020 年数据

由于 2020 年新冠疫情暴发，受疫情影响，许多企业生产"停摆"了一段时间，企业绩效下降明显。与此同时，企业认识到了数字化的重要性，这一年企业数字化程度明显提高。因此将 2020 年数据剔除，有助于更好地研究正常时期企业数字化对于企业绩效的影响。由表 6 - 13 第（2）列可以看出，剔除 2020 年后，回归结果在 1% 的水平下显著正相关，通过稳健性检验。

表 6 - 13　　　　　　　　　　稳健性检验

变量	(1)	(2)
	roa	*tobinq*
lndigital	0. 522 *** (0. 199)	0. 187 *** (0. 056)
size	1. 934 *** (0. 403)	- 0. 511 *** (0. 113)
growth	0. 065 *** (0. 005)	0. 002 (0. 001)
lev	- 13. 892 *** (1. 283)	0. 945 *** (0. 356)
age	1. 404 *** (0. 534)	0. 395 *** (0. 147)

续表

变量	(1)	(2)
	roa	tobinq
first	0.059 ***	0.001
	(0.023)	(0.006)
常数项	−79.227 ***	1.100
	(20.364)	(5.551)
城市效应	是	是
年份效应	是	是
样本数	1435	1230
R^2	0.65	0.7

本节首先根据前文的文献总结梳理与理论机制分析，选取 2015～2021 年在沪深 A 股上市的 205 家企业为研究对象，通过全样本回归实证分析检验了假设 1。其次，构建中介效应模型，检验内部控制、人力资本结构和成本率在企业数字化影响制造业企业绩效过程中发挥的间接作用。假设 2、3、4 分别得到验证，在此过程中对其中的影响原因进行了分析。再次，将制造业企业分别按照所有制性质、是否为高新技术企业以及企业生命周期阶段分别进行回归分析，发现国有企业、高新技术企业以及处于成长期和成熟期的企业实证结果显著为正。最后，通过工具变量法和 PSM 进行内生性检验，并且通过替换被解释变量以及删除 2020 年度数据的方式进行稳健性检验，无论是内生性检验还是稳健性检验结果都与基准回归结果保持一致。

本 章 小 结

本课题在回顾和梳理文献的基础上，针对企业数字化对绩效的影响及机制展开了分析与研究。主要包括前期的文献梳理和总结，以及基础理论分析、企业数字化对企业绩效的影响机制分析等。在此基础上，进一步提出了研究假设，并以 2015～2021 年 A 股制造业上市公司的相关数据为样本，进行了模型构建分析，主要包括描述性统计分析、相关性分析、全样本回归分析和中介效应的分析，并在其基础上进行了内生性检验和稳健性检验，以排除内生性的干扰和确保模型的稳健性。

本课题通过建立实证模型来探讨企业数字化转型程度对绩效的作用，并对其影响机制展开分析，最后总结并归纳得出以下四点结论。

第一，企业数字化程度和制造业企业绩效存在正相关关系，企业数字化程度越高，对企业绩效的提升作用越强，并且该结论是稳健的。企业数字化转型是适应数字化浪潮时代的一种战略高度上的策略，企业进行数字化转型可以提高企业的绩效表现，增强企业的核心竞争力，并且该影响是异质性的，国有企业、高新技术企业和处于成长期的企业的数字化赋能作用更为明显突出。

第二，在企业数字化对制造业企业绩效的影响中，内部控制充当了中介变量，造成了中介效应。企业数字化对制造业企业绩效的影响分为两步，首先企业数字化转型对企业内部控制水平产生了影响，由于数字化系统可以有效防止内部控制中主观因素和人为因素的干扰，因此数字化可以显著提高企业的内部控制水平。其次，企业内部控制水平提高后，企业的效率会提升，从而企业的绩效也会有所改善。因此，内部控制是企业数字化对制造业企业绩效的影响中的路径之一。

第三，企业数字化对制造业企业绩效的正面影响，很可能是通过人力资本结构进行传导的。企业数字化源于信息科技的发展，因此市场上兴起一阵数字化的浪潮，而人们在这样的环境下，会对企业的产品和服务提出更高的要求，制造业企业需要有更强大的管理能力去适应客户的更高要求。企业借助数字技术可以实现数字化、智能化管理。而数字化的管理需要更高学历的人才才能更好地实现。综上分析，可以说企业的数字化转型对制造业企业人才要求更高，因此可以优化制造业企业人力资本结构，而优秀的人才有助于制造业企业实现高端制造，从而对制造业企业的绩效也有所改善。因此，人力资本结构是企业数字化对企业绩效的影响中的路径之一。

第四，除了以上两个路径之外，成本率在企业数字化对制造业企业绩效的影响中也起到了影响的作用。制造业企业提高利润的关键在于降低成本，通过企业数字化，制造业企业大力引进智能化生产设备，提高资源配置效率，减少人工成本，从而促进制造业企业绩效的提高。

第七章
"数字福建"建设的实施对策

一、加强"数字福建"建设顶层设计，全方位推动数字经济发展

为有效推动福建省数字经济发展，应加强"数字福建"建设的顶层设计，从数据、人才、新基建与政府多方位入手推进"数字福建"建设。第一，从数据来看，通过建立健全数据确权、交易与共享市场，并完善数据安全及平台反垄断法律法规，以建立一套完整的数据交易制度。第二，从人才来看，通过学校－企业－政府联合培养模式，培育、引进与留住数字型人才，尤其是要完善数字型人才保障制度，给优秀人才提供优厚的待遇。第三，从新基建来看，通过制定数字型基础设施清单，减少重复建设与规避非新基建建设，加快5G在内的新型基础设施建设。第四，从政府来看，加强顶层设计机制，将"数字福建"建设作为福建省"十四五"规划重点项目，增加数字化科研研发投入，拓宽包括"闽政通"在内的数据应用，在财税与金融方面给予一定的优惠政策。此外，将大数据普及、应用与安全等相关内容纳入中小学课程。

二、出台数字经济相关政策，促进福建经济高质量发展

数字经济发展有利于促进福建省经济增长，提高城乡居民收入水平，

但福建省各地区数字经济发展水平与规模存在较大差异。在推动数字经济发展过程中，企业逃漏税现象、平台型企业监管缺失、数据信息安全缺乏保障、数字金融风险防范不足等问题时有发生。为有效利用数字经济，推动福建省经济高质量发展，本课题提出以下几点政策建议：第一，福建省政府应出台各种相关政策措施以保障数据信息安全，并加快互联网纳税平台建设，在推广数字普惠金融的过程中要注重风险防范。监管机构要加强对寡头垄断型互联网平台企业监管，并加大对平台公司治理力度，规范数字经济市场。第二，福建省各地区政府应根据自身特色，出台促进数字经济发展相关政策文件，以法律法规形式营造良好的营商环境，并加大对 5G 基础设施建设投入应用。福建省各地区政府与企业应加强数据共享与应用，通过互利共赢模式以促进数字经济发展。第三，福建省政府应通过税收减免与研发补贴等形式，鼓励企业加大对信息技术的研发投入，将数字化信息及知识运用于企业生产过程，加强企业数字化治理以提高企业绩效，并提高企业信息技术保护力度。第四，福建省各高校科研机构应加强大数据、物联网、软件开发应用等人才培养力度，通过与腾讯、百度、阿里巴巴等大型互联网公司交流合作，以提高中国信息技术水平。

三、加快 ICT 基础设施建设，提高福建省能源利用效率

数字经济发展有利于提高福建省能源利用效率，改善环境质量，但福建省各地区数字经济发展与能源利用效率之间存在较大差异。为有效利用数字经济推动福建省能源效率提升，本课题提出以下几点政策建议：第一，福建省政府出台数字经济发展相关政策，并加快 ICT 基础设施建设。在推进数字经济发展过程中，福建省各地区政府应根据自身特色有针对性地发展数字经济，并通过税收减免与研发补贴形式，鼓励企业加大对高新技术研发投入。此外，监管机构要加强对数字经济市场监管，尤其是对寡头垄断型平台企业，以立法的形式保障数据信息安全。第二，福建省企业要加

强与科研机构交流合作，通过"产学研"模式提高企业科技创新水平。例如，鼓励企业与科研机构联合培养大数据人才，并研发高新技术及应用软件，通过将数字化信息技术运用于企业生产、流通与交易环节，以提高资源配置效率、减少因供需双方信息不对称造成的资源错配，提高企业生产效率与能源利用效率。第三，居民在工作、生活与学习过程中，要充分利用数字化信息技术，在提高生活便利性的同时减少能源消耗。例如，上下班与接送子女上学可利用"顺风车"减少自行开车，并利用"货车帮"提高货车利用效率；在提高汽车利用效率的同时，有助于提升全社会能源利用效率，改善环境质量。

四、出台数字金融发展相关政策，推动福建绿色发展

基于上述研究成果，结合福建省数字金融与绿色发展的实际情况，本课题认为要更好地利用数字金融实现福建省绿色发展，应从以下几个方面进行调整：首先，福建省政府应加快数字金融基础设施建设，出台促进数字金融发展政策。福建省各地区政府应加快5G基础设施建设，并建立完善数据确权、数据交易、数据共享、数据保障市场，通过税收减免、研发补贴等相关优惠政策，鼓励金融机构将大数据运用于金融服务领域，以提高金融服务可得性，但在推广数字金融过程中，金融监管部门要加强对数字金融市场监管，尤其是寡头垄断性平台企业，以立法的形式保障居民金融资产与数据信息安全，避免出现系统性金融风险。

其次，福建省企业应学会合理运用数字金融，通过缓解融资约束以提高创新水平。企业在生产过程中应学会尽量利用数字金融融资，特别是融资约束受限较多的中小企业与民营企业，通过数字金融能够缓解融资约束、减少金融市场错配。在利用数字金融缓解企业融资约束过程中，企业应积极研发以提高企业创新水平，提升市场竞争力，例如，通过与科研机构联合研发最新高新技术，并将数字化信息技术运用于企业生产、流通与交易

环节，以减少供需双方因信息不对称造成的资源错配，提高企业生产效率。

最后，居民在生活消费过程中，要充分利用移动支付提高生活便利性。在生活方面，居民可以利用网约车平台，在提高居民出行便利性的同时，有利于减少全社会能源消耗；在消费方面，居民可以利用网上购物减少出行时间与出行费用，如淘宝、京东、永辉生活、美团等平台满足日常购物需求，在移动支付实现无纸质化同时，居民出行减少也能降低能源消耗。此外，在线办公、在线学习等大数据领域运用，也给居民带来更多的便利性。

五、提高数字经济发展水平，推动福建区域协调发展

首先，完善数字基础设施，提高数字经济水平。从数字经济内部来看，信息通信产业实力的不断增强，为各行各业提供了充足数字技术、产品和服务支持，奠定数字经济发展坚实基础；产业数字化蓬勃发展，数字经济与各领域融合渗透加深，推动经济社会效率、质量提升。但是，中国数字经济的优势在于应用，在基础性科学技术和产业方面仍部分受制于人，特别是高科技信息通信产业的芯片、集成电路等电子元器件。因此，必须完善数字基础设施建设，数字基础设施建设的发展是打破信息孤岛、促进信息交互和共享的前提，在产业结构转型升级和新兴产业发展方面起到重要的基础性支撑作用。应强化5G和互联网建设等数字基础设施建设，不断加大以云计算和大数据为代表的信息技术迭代更新，推动信息技术与农业、工业、服务业深度融合发展；扩大软件开发、电子信息服务的规模，增加ICT上市公司的数量，鼓励互联网公司发展；促进数字技术与农业、服务业融合发展，从供需两端发力，使数字技术与传统产业深度融合；搭建"政府－社会－大众"三位一体数字化治理平台，改善数字经济发展治理与创新环境。

其次，立足产业结构高级化和产业结构合理化两大作用路径，利用数

字经济加快经济高质量建设。政府要加快新兴产业发展，提升产业效益与质量，建设经济高质量发展新高地。要加快培育新动能，一方面要加快实施创新驱动发展战略，大力推动以互联网、物联网、大数据、人工智能等为代表的新一代信息技术的创新应用；另一方面，要加快战略性新兴产业的培育，如智能制造、数字制造、绿色制造、服务型制造等提高产业结构升级效率和质量。政府要不断增强服务业的竞争力和稳定性，积极融入新科技革命与产业革命，在加速新兴产业步伐的同时支持传统产业的改造升级。数字化时代催生了大数据等新兴产业，促进了产业结构优化，有利于形成产业支撑和高效产业链。同时，应加强产业监管与规范化，保证新兴产业稳固发展，推进知识密集型生产性服务业，有利用服务业和数字技术进一步融合。要面向现代服务业与农业，丰富数字经济应用场景，提升全行业数字化程度，利用数字经济带来的优势，缩短行业和区域之间的差距，推动产业结构高级化、合理化，引领经济向高质量方向迈进。

再次，要继续深化金融数字化转型，提高金融服务的质量和效率。数字金融化是中国经济高质量发展的重要力量，因此，持续推进金融数字化改革，可以为新时期中国进入新的发展阶段注入新动能。要充分利用数字金融在提供金融服务上的创新优势，为金融和数字技术更深层次的融合发展创造更多的空间，使数字金融能更好地发挥功能。当前，数字金融在数字支持服务方面还有很大的发展空间，因此未来应当通过数字技术，进一步减少金融摩擦，打破时间和空间的局限，使资金流通更加流畅；同时，强化数字金融还能加快金融市场发展，为实体部门提供更加高效、智能的金融服务。金融机构可以通过调查深入了解居民金融服务需求，运用数字技术优化业务，开展个性化数字金融服务，满足不同类别的客户需求，提升数字金融服务的体验感。各地区应定期进行数字金融相关知识宣传，开展数字金融专题讲座等活动，积极推进数字普惠金融在农村的使用，使农民享受到数字金融带来的红利，增加农民收益，缩小城乡差距，推动经济高质量发展。

最后，要高度重视数字经济和经济发展区域差异，推动区域协调发展。福建省各地区数字经济发展与经济发展水平存在很大差异，各地应根据数字基础设施、经济基础等基本水平，遵循多样化的原则，因地制宜发展数字经济，在消除区域间的数字鸿沟方面发挥作用。数字鸿沟问题不可忽视，通过正确的认识和改善，有助于提高整体信息化水平，助力数字经济发展。一方面，充分发挥政府的有效干预作用，完善区域协同政策，向发展落后地区倾斜政策资源，以福建省发达地区带动落后地区、以中心城市带动外围城市，实现各区域协调发展，通过缩小区域间的发展差异加速欠发达地区的新基础设施建设，引导其数字经济高速发展，缩小地区之间的"数字鸿沟"，实现福建省各区域间数字经济的均衡发展。另一方面，加强福建省区域之间的合作和互助，探索数字经济发展的区域合作互助机制，增强各区域间技术、创新、人才等方面的合作，高发展水平的城市群要向低发展水平的城市群提供相应的高新技术、科技人才、帮扶资金的支持。

六、出台政策措施推动企业数字化转型，促进福建经济高质量发展

企业数字化对制造业企业绩效有一定的正面影响作用，可以为相关企业进行数字化转型提供一定的参考意义。本课题通过对上述研究结论的总结分析，对企业数字化和制造业企业绩效提升发展提出了以下可行的建议。

第一，强化数字基础设施建设，发挥政策引领作用。数字基础设施是数字化转型的关键，政府、行业和企业要共同推进制造业数字基础设施建设。从政府角度而言，中国正加快5G、物联网、云计算、人工智能、工业互联网、数据中心等新型基础设施建设，这不仅能为制造业企业的数字化转型和创新发展提供底层支撑，也为中国经济转向创新驱动发展提供助力。对行业和企业而言，更多的是将数字基础设施的应用落到实处，即重点推

动数据应用场景建设,从协同研发、定制设计、智能生产、供应链优化、精准营销等环节提升企业的数字化运营和管理水平。要充分发挥数字化转型的政策引领作用,一方面,可通过财政补贴、税收减免等政策,鼓励企业深入推进技术创新,大胆研究和开发创新型关键数字技术;另一方面,可通过科研补贴、创新成果奖金等方法推动产学研共同合作,搭建实验平台,在保证基础技术研发的同时,激励科研机构和企业携手研发前沿性关键技术,提高核心技术的自主研发能力。

第二,完善数据治理,满足用户需求。真正做到数据驱动和满足用户需求是企业数字化转型成功的显著标志。从制造业企业数字化转型的行为看,绝大部分企业对数据治理的重视程度较低,企业在数据安全方面还面临许多问题,因此,必须强化企业对数据要素重要性的认识和数据治理。政府可从推动数据中心建设入手,鼓励行业发展数据平台,逐步完善相关制度以加强数据治理。企业一方面可以设立数据治理部门,制定明确的数据治理战略、分配具体的数据治理任务并设定评判指标。例如,建立数据安全运营体系,确保用户数据信息安全;构建知识产权数据治理架构,完善知识产权治理体系,加大知识产权数据的国际合作。另一方面,可以根据自身情况制定数据使用计划,利用先进技术找准用户需求点,将数据分析和业务场景相结合,做到从产品研发到售后服务的全流程个性化用户体验,最大化数据使用价值。

第三,重构商业模式,探索多元转型路径。制造业数字化转型不仅仅是技术创新和服务化的简单升级,而且是在新的环境下将技术和商业模式结合起来,满足更多的数字化、定制化和智能化需求打通数字化赋能传导路径,将赋能落到实处。当前,制造业企业对数字赋能业务生态(业务场景)非常重视,对基于数据分析的客户需求分析也关注较多,但对数字化转型过程中价值创造逻辑的变化重视不够。今后需要系统考虑数字环境下市场需求和业务生态的变化,重新审视企业商业模式和价值创造的逻辑,围绕定制化制造、产品服务协同及数字化创新设计新的价值主张和生产服务流程。在此基础上以系统的战略、方法和措施推进企业数字化转型，避免数字战略与业务"两条线"的情况发生。对于不同发展阶段、不同规模和不同细分行业的企业而言，不仅需要参考数字化示范企业的模式和路径，更需要思考转型背后市场需求、业务生态和商业逻辑的变化，将数字技术、业务技术和商业模式创新结合起来，探索差异化的数字化转型路径。

第四，构建共享平台，加强企业合作。由于数字化转型的初始投资成本较高、回报产出较慢，部分规模较小的企业面临数字资源和能力被约束的情况。这些企业在具备足够的经营经验、明晰自身数字化转型目标的前提下，可以选择加入以数字化转型的优势企业为核心的共享平台，依托平台的数字资源，打通智能产品、智能生产、智能物流等业务场景，推动自身数字化转型实践。具备数字化转型优势的头部企业可以积极打造数字生态平台，助力有转型意愿的企业参与其中，实现产业链资源融合互通、上下游信息共享与协同合作，带动制造业整体数字化转型。

第五，树立数字化思维，培养数字化人才。所有数字技术、数据要素在业务流程中的应用都需要人的参与，所以转型的本质是人的转型，而人的转型又始于思维的转变。企业是否具有数字化思维关系到企业能否积极面对数字化带来的机遇与挑战、能否洞悉数字化给企业带来的潜在价值，企业员工数字化思维的强弱也是决定数字化转型成功与否的关键。数字化思维不只是管理者需要具备的，全体员工也要了解，以保证数字化转型从上层指导落实到中下层的有效行动上。这就需要将数字思维渗透到企业员工层面，向员工传达数字化转型的必要性和潜在机遇，引导员工接受数字化转型带来的变化。对此，应为员工提供自我技能增值的培训与学习机会。一方面，定期举办与数字化相关的讲座，使员工明白数字化的巨大潜力，同时建立激励与考核制度，组织企业员工自上而下地进行学习分享，使数字化思维深入企业，促进企业员工对数字化知识与实践的深入思考。另一方面，树立数字化转型理念，实现从企业管理者到基层员工都将数字化转型理念内化于心，把理念转化为企业转型的强大动力，做到企业内部的"数字化"统一。

七、福建省各地级市发挥比较优势，因地制宜发展特色数字产业

福建省各地级市因地势地貌、气候环境、政策倾斜等因素，导致各地区间经济发展水平存在较大差异，形成"福厦泉"三足鼎立模式，但各地区具有自身独特的比较优势，例如宁德市是宁德时代总部所在、南平市拥有丰富的林业资源、龙岩市矿产资源丰富、三明市传统工业较强，在以数字产业发展推动地区经济增长时，各地区要因地制宜，利用自身比较优势发展特色数字产业。从各地级市数字经济及相关产业发展特色来看，厦门着力推进数字产业高端化、福州打造数字经济发展示范区、泉州推进制造业数控化智能化、漳州打造数字经济平台体系、莆田打造新的平台经济特色高地、宁德"互联网"和重点企业双向驱动数字经济崛起、龙岩推动数字产业和城市数字化协同融合发展、三明新一代信息技术创新驱动传统优势产业发展、南平打造南北两翼数字经济发展核心区、平潭综合实验区打造数字经济机制创新试验田，利用各自比较优势因地制宜发展特色数字产业，在推动自身经济发展的同时，也有助于"下好福建一盘棋"，共同推动"数字福建"建设发展。

参 考 文 献

一、中文部分

[1] 安家骥，狄鹤，刘国亮．组织变革视角下制造业企业数字化转型的典型模式及路径 [J]．经济纵横，2022 (2)：54 – 59.

[2] 白福萍，刘东慧，董凯云．数字化转型如何影响企业财务绩效：基于结构方程的多重中介效应分析 [J]．华东经济管理，2022，36 (9)：75 – 87.

[3] 白雪洁，孙献贞．互联网发展影响全要素碳生产率：成本、创新还是需求引致 [J]．中国人口·资源与环境，2021，31 (10)：105 – 117.

[4] 柏培文，张云．数字经济，人口红利下降与中低技能劳动者权益 [J]．经济研究，2021，56 (5)：91 – 108.

[5] 钞小静，任保平．中国经济增长结构与经济增长质量的实证分析 [J]．当代经济科学，2011，33 (6)：50 – 56，123 – 124.

[6] 钞小静，薛志欣．新时代中国经济高质量发展的理论逻辑与实践机制 [J]．西北大学学报（哲学社会科学版），2018，48 (6)：12 – 22.

[7] 陈兵，顾丹丹．数字经济下数据共享理路的反思与再造 [J]．上海财经大学学报，2020，22 (2)：122 – 137.

[8] 陈兵，裴馨．数字经济发展影响产业结构升级的作用机制研究：基于区域异质性视角的分析 [J]．价格理论与实践，2021 (4)：141 – 144，171.

［9］陈昌兵．可变折旧率估计及资本存量测算［J］．经济研究，2014，49（12）：72－85．

［10］陈春花，朱丽，钟皓，等．中国企业数字化生存管理实践视角的创新研究［J］．管理科学学报，2019，22（10）：1－8．

［11］陈景华，陈姚，陈敏敏．中国经济高质量发展水平、区域差异及分布动态演进［J］．数量经济技术经济研究，2020，37（12）：108－126．

［12］陈小辉，张红伟，陈文．企业数字化如何影响企业杠杆率？［J］．中国管理科学，2024，32（7）：19－27．

［13］陈晓红，李杨扬，宋丽洁，等．数字经济理论体系与研究展望［J］．管理世界，2022，38（2）：208－224，13－16．

［14］陈肖，吴娜，牛风君．数字经济发展水平测度及其对经济高质量发展的影响效应：以京津冀区域为例［J］．商业经济研究，2023（3）：125－128．

［15］陈啸，薛英岚．普惠金融发展可以减少中国碳排放吗？［J］．财经问题研究，2021（5）：59－66．

［16］陈昭，陈钊泳，谭伟杰．数字经济促进经济高质量发展的机制分析及其效应［J］．广东财经大学学报，2022（3）：4－20．

［17］程文先，钱学锋．数字经济与中国工业绿色全要素生产率增长［J］．经济问题探索，2021（8）：124－140．

［18］戴圣良．数字福建："互联网＋政务服务"背景下政府网站发展提升建议［J］．三明学院学报，2020，37（6）：96－100．

［19］邓荣荣，张翱祥．中国城市数字经济发展对环境污染的影响及机理研究［J］．南方经济，2022（2）：18－37．

［20］丁玉龙，秦尊文．信息通信技术对绿色经济效率的影响［J］．学习与实践，2021（4）：32－44．

［21］丁志帆．数字经济驱动经济高质量发展的机制研究：一个理论分析

框架［J］. 现代经济探索, 2020（1）：85-92.

［22］杜金岷, 韦施威, 吴文洋. 数字普惠金融促进了产业结构优化吗？
［J］. 经济社会体制比较, 2020（6）：38-49.

［23］杜勇, 娄靖. 数字化转型对企业升级的影响及溢出效应［J］. 中南财
经政法大学学报, 2022（5）：119-133.

［24］段永琴, 何伦志, 克甝. 数字金融、技术密集型制造业与绿色发展
［J］. 上海经济研究, 2021（5）：89-105.

［25］樊茂清, 郑海涛, 孙琳琳, 等. 能源价格、技术变化和信息化投资
对部门能源强度的影响［J］. 世界经济, 2012（5）：22-45.

［26］樊轶侠, 徐昊. 中国数字经济发展能带来经济绿色化吗？［J］. 经济
问题探索, 2021（9）：15-29.

［27］范欣, 尹秋舒. 数字金融提升了绿色全要素生产率吗？［J］. 山西大
学学报（哲学社会科学版）, 2021, 44（4）：109-119.

［28］付凌晖. 我国产业结构高级化与经济增长关系的实证研究［J］. 统计
研究, 2010, 27（8）：79-81.

［29］干春晖, 郑若谷, 余典范. 中国产业结构变迁对经济增长和波动的
影响［J］. 经济研究, 2011, 46（5）：4-16, 31.

［30］高培勇. 理解、把握和推动经济高质量发展［J］. 经济学动态, 2019
（8）：3-9.

［31］高远东, 张卫国, 阳琴. 中国产业结构高级化的影响因素研究［J］.
经济地理, 2015, 35（6）：96-101, 108.

［32］葛和平, 吴福象. 数字经济赋能经济高质量发展：理论机制与经验
证据［J］. 南京社会科学, 2021（1）：24-33.

［33］郭炳南, 王宇, 张浩. 数字经济发展改善了城市空气质量吗：基于
国家级大数据综合试验区的准自然实验［J］. 广东财经大学学报,
2022（1）：58-74.

［34］郭峰, 王靖一, 王芳, 等. 测度中国数字普惠金融发展：指数编制

与空间特征 [J]. 经济学（季刊），2020，19（4）：1401 – 1418.

[35] 郭家堂，骆品亮. 互联网对中国全要素生产率有促进作用吗？[J]. 管理世界，2016（10）：34 – 49.

[36] 郭凯明. 人工智能发展、产业结构转型升级与劳动收入份额变动 [J]. 管理世界，2019（7）：60 – 77.

[37] 韩文龙. 数字经济赋能经济高质量发展的政治经济学分析 [J]. 中国社会科学院研究生院学报，2021（2）：98 – 108.

[38] 韩永辉，黄亮雄，王贤彬. 产业结构优化升级改进生态效率了吗？[J]. 数量经济技术经济研究，2016，33（4）：40 – 59.

[39] 韩玉雄，李怀祖. 关于中国知识产权保护水平的定量分析 [J]. 科学学研究，2005，23（3）：377 – 382.

[40] 何大安，许一帆. 数字经济运行与供给侧结构重塑 [J]. 经济学家，2020（4）：57 – 67.

[41] 何帆，刘红霞. 数字经济视角下实体企业数字化变革的业绩提升效应评估 [J]. 改革，2019（4）：137 – 148.

[42] 何维达，温家隆，张满银. 数字经济发展对中国绿色生态效率的影响研究：基于双向固定效应模型 [J]. 经济问题，2022（1）：1 – 8，30.

[43] 何枭吟，成天婷. 数字经济推动经济高质量发展的战略抉择 [J]. 商业经济研究，2021（10）：189 – 192.

[44] 何宗樾，宋旭光. 数字经济促进就业的机理与启示 [J]. 经济学家，2020（5）：58 – 68.

[45] 贺茂斌，杨晓维. 数字普惠金融、碳排放与全要素生产率 [J]. 金融论坛，2021（2）：18 – 25.

[46] 侯层，李北伟. 金融科技是否提高了全要素生产率：来自北京大学数字普惠金融指数的经验证据 [J]. 财经科学，2020（12）：1 – 12.

[47] 黄大禹，谢获宝，孟祥瑜，等. 数字化转型与企业价值：基于文本

分析方法的经验证据 [J]. 经济学家, 2021 (12): 41 - 51.

[48] 黄宏斌, 翟淑萍, 陈静楠. 企业生命周期、融资方式与融资约束: 基于投资者情绪调节效应的研究 [J]. 金融研究, 2016 (7): 96 - 112.

[49] 黄娟, 张配配. 管理层权力、内部控制信息披露质量与企业绩效 [J]. 南京审计大学学报, 2017, 14 (2): 1 - 10.

[50] 黄漫宇, 王孝行. 零售企业数字化转型对经营效率的影响研究: 基于上市企业年报的文本挖掘分析 [J]. 北京工商大学学报 (社会科学版), 2022, 37 (1): 38 - 49.

[51] 黄倩, 李政, 熊德平. 数字普惠金融的减贫效应及其传导机制 [J]. 改革, 2019 (11): 90 - 101.

[52] 惠献波. 数字普惠金融与城市绿色全要素生产率: 内在机制与经验证据 [J]. 南方金融, 2021 (5): 20 - 31.

[53] 江红莉, 蒋鹏程. 数字金融能提升企业全要素生产率吗?: 来自中国上市公司的经验证据 [J]. 上海财经大学学报, 2021, 23 (3): 3 - 18.

[54] 姜松, 孙玉鑫. 数字经济对实体经济影响效应的实证研究 [J]. 科研管理, 2020, 41 (5): 32 - 39.

[55] 焦帅涛, 孙秋碧. 我国数字经济发展测度及其影响因素研究 [J]. 调研世界, 2021 (7): 13 - 23.

[56] 金碚. 关于"高质量发展"的经济学研究 [J]. 中国工业经济, 2018 (4): 5 - 18.

[57] 荆文君, 孙宝文. 数字经济促进经济高质量发展: 一个理论分析框架 [J]. 经济学家, 2019 (2): 66 - 73.

[58] 李广昊, 周小亮. 推动数字经济发展能否改善中国的环境污染 [J]. 宏观经济研究, 2021 (7): 146 - 160.

[59] 李海舰, 田跃新, 李文杰. 互联网思维与传统企业再造 [J]. 中国工

业经济，2014（10）：135-146.

[60] 李辉. 大数据推动中国经济高质量发展的理论机理、实践基础与政策选择 [J]. 经济学家，2019（3）：52-59.

[61] 李佳馨，郭辰，周婷婷. 数字经济、消费升级与经济高质量发展：基于2011-2020年中国省际面板数据的分析 [J]. 技术经济与管理研究，2022（6）：94-98.

[62] 李建军，彭俞超，马思超. 普惠金融与中国经济发展：多维度内涵与实证分析 [J]. 经济研究，2020（4）：37-52.

[63] 李金昌，史龙梅，徐蔼婷. 高质量发展评价指标体系探讨 [J]. 统计研究，2019（1）：4-14.

[64] 李彦龙，彭锦，罗天正. 数字化、溢出效应与企业绩效 [J]. 工业技术经济，2022，41（3）：25-33.

[65] 李宗显，杨千帆. 数字经济如何影响中国经济高质量发展？[J]. 现代经济探索，2021（7）：10-19.

[66] 林川. 数字化转型与股价崩盘风险 [J]. 证券市场导报，2022（6）：47-57.

[67] 林心怡，吴东. 区块链技术与企业绩效：公司治理结构的调节作用 [J]. 管理评论，2021，33（11）：341-352.

[68] 刘洪涛，杨洋. 信息化与中国碳强度：基于中国省级面板数据的经验分析 [J]. 科技管理研究，2018（19）：226-233.

[69] 刘军，杨渊鋆，张三峰. 中国数字经济测度与驱动因素研究 [J]. 上海经济研究，2020（6）：81-96.

[70] 刘立菁，谢毅梅. 关于完善福建数字经济发展环境的政策建议 [J]. 发展研究，2020（6）：69-79.

[71] 刘淑春. 数字政府战略意蕴、技术构架与路径设计 [J]. 中国行政管理，2018（9）：37-45.

[72] 刘淑春，闫津臣，张思雪，等. 企业管理数字化变革能提升投入产

出效率吗［J］. 管理世界，2021，37（5）：170-190，13.

［73］刘淑春. 中国数字经济高质量发展的靶向路径与政策供给［J］. 经济学家，2019（6）：52-61.

［74］刘维刚，倪红福. 制造业投入服务化与企业技术进步：效应及作用机制［J］. 财贸经济，2018，39（8）：126-140.

［75］刘新智，孔芳霞. 长江经济带数字经济发展对城市绿色转型的影响研究［J］. 当代经济管理，2021，34（9）：64-74.

［76］刘洋，陈晓东. 中国数字经济发展对产业结构升级的影响［J］. 经济与管理研究，2021，42（8）：15-29.

［77］刘勇，徐选莲. 研发投入、人力资本与企业绩效：基于中小企业板上市公司的研究［J］. 哈尔滨商业大学学报（社会科学版），2020（2）：56-66.

［78］刘政，姚雨秀，张国胜，等. 企业数字化、专用知识与组织授权［J］. 中国工业经济，2020（9）：156-174.

［79］鲁玉秀，方行明，张安全. 数字经济、空间溢出与城市经济高质量发展［J］. 经济经纬，2021，38（6）：21-31.

［80］鲁玉秀. 数字经济对城市经济高质量发展影响研究［D］. 成都：西南财经大学，2022.

［81］马茹，罗晖，王宏伟，等. 中国区域经济高质量发展评价指标体系及测度研究［J］. 中国软科学，2019（7）：60-67.

［82］马玥. 数字经济赋能经济高质量发展的机理、挑战及政策建议［J］. 求是学刊，2022，49（6）：74-83.

［83］宁朝山. 基于质量、效率、动力三维视角的数字经济对经济高质量发展多维影响研究［J］. 贵州社会科学，2020（4）：129-135.

［84］潘蓉蓉，罗建强，杨子超. 制造企业服务化、前后台数字化与企业绩效［J］. 系统管理学报，2022，31（5）：988-999.

［85］裴长洪，倪江飞，李越. 数字经济的政治经济学分析［J］. 财贸经

济, 2018, 39 (9): 5 - 22.

[86] 戚聿东, 刘翠花, 丁述磊. 数字经济发展、就业结构优化与就业质量提升 [J]. 经济学动态, 2020 (11): 17 - 35.

[87] 祁怀锦, 曹修琴, 刘艳霞. 数字经济对公司治理的影响: 基于信息不对称和管理者非理性行为视角 [J]. 改革, 2020 (4): 50 - 64.

[88] 邱浩然, 徐辉. 数字化转型对农业企业绩效的影响 [J]. 统计与决策, 2022, 38 (3): 90 - 95.

[89] 任保平, 李培伟. 数字经济培育我国经济高质量发展新动能的机制与路径 [J]. 陕西师范大学学报 (哲学社会科学版), 2022, 51 (1): 121 - 132.

[90] 任保平. 数字经济引领高质量发展的逻辑、机制与路径 [J]. 西安财经大学学报, 2020, 33 (2): 5 - 9.

[91] 任碧云, 郭猛. 基于文本挖掘的数字化水平与运营绩效研究 [J]. 统计与信息论坛, 2021, 36 (6): 51 - 61.

[92] 单豪杰. 中国资本存量 K 的再估算: 1952～2006 年 [J]. 数量经济技术经济研究, 2008, 25 (10): 17 - 31.

[93] 上官绪明, 葛斌华. 数字金融、环境规制与经济高质量发展 [J]. 现代财经, 2021 (10): 84 - 98.

[94] 申雅琛, 吴睿. 数字经济推动区域经济高质量发展的影响研究 [J]. 商业经济研究, 2022 (14): 154 - 157.

[95] 沈丽, 张好圆, 李文君. 中国普惠金融的区域差异及分布动态演进 [J]. 数量经济技术经济研究, 2019 (7): 62 - 80.

[96] 沈娅莉, Beixin Lin, 廖伟民. 数字经济下跨国企业在中国逃避税现状、途径及防治策略研究 [J]. 云南财经大学学报, 2015 (6): 135 - 142.

[97] 沈运红, 黄桁. 数字经济水平对制造业产业结构优化升级的影响研究 [J]. 科技管理研究, 2020 (3): 147 - 154.

[98] 师博. 数字经济促进城市经济高质量发展的机制与路径 [J]. 西安财经大学学报, 2020, 33 (2): 10-14.

[99] 宋洋. 数字经济、技术创新与经济高质量发展: 基于省级面板数据 [J]. 贵州社会科学, 2020 (12): 105-112.

[100] 孙湘湘, 周小亮. 服务业开放对制造业价值链攀升效率的影响研究: 基于门槛回归的实证分析 [J]. 国际贸易问题, 2018 (8): 94-107.

[101] 孙育平. 企业数字化转型的特征、本质及路径探析 [J]. 企业经济, 2021, 40 (12): 35-42.

[102] 孙早, 侯玉琳. 工业智能化如何重塑劳动力就业结构 [J]. 中国工业经济, 2019 (5): 61-79.

[103] 唐松, 伍旭川, 祝佳. 数字金融与企业技术创新: 结构特征、机制识别与金融监管下的效应差异 [J]. 管理世界, 2020 (5): 52-66.

[104] 唐文进, 李爽, 陶云清. 数字普惠金融发展与产业结构升级: 来自283个城市的经验证据 [J]. 广东财经大学学报, 2019 (6): 35-49.

[105] 万佳彧, 周勤, 肖义. 数字金融、融资约束与企业创新 [J]. 经济评论, 2020 (1): 71-83.

[106] 汪东芳, 曹建华. 互联网发展对中国全要素能源效率的影响及网络效应研究 [J]. 中国人口·资源与环境, 2019, 29 (1): 86-95.

[107] 汪淼军, 张维迎, 周黎安. 企业信息化投资的绩效及其影响因素: 基于浙江企业的经验证 [J]. 中国社会科学, 2007 (6): 81-93, 206.

[108] 汪小英, 王宜龙, 沈镭, 等. 信息化对中国能源强度的空间效应: 基于空间杜宾误差模型 [J]. 资源科学, 2021, 43 (9): 1752-1763.

[109] 王才. 数字化转型对企业创新绩效的作用机制研究 [J]. 当代经济管理, 2021, 43 (3): 34 - 42.

[110] 王岑. 创新引领"数字福建"高质量发展 [J]. 中共福建省委党校学报, 2018 (12): 104 - 113.

[111] 王会娟, 陈新楷, 陈文强, 等. 数字化转型能提高企业的风险承担水平吗? [J]. 财经论丛, 2022 (12): 70 - 80.

[112] 王建平. 中国制造业数字化转型: 内在逻辑、现状特征与政策建议 [J]. 决策咨询, 2022 (3): 11 - 16.

[113] 王娟娟, 佘干军. 我国数字经济发展水平测度与区域比较 [J]. 中国流通经济, 2021, 35 (8): 3 - 17.

[114] 王娟. 数字经济驱动经济高质量发展: 要素配置和战略选择 [J]. 宁夏社会科学, 2019 (5): 88 - 94.

[115] 王军, 刘小凤, 朱杰. 数字经济能否推动区域经济高质量发展? [J]. 中国软科学, 2023 (1): 206 - 214.

[116] 王开科, 吴国兵, 章贵军. 数字经济发展改善了生产效率吗 [J]. 经济学家, 2020 (10): 24 - 34.

[117] 王伟玲, 王晶. 中国数字经济发展的趋势与推动政策研究 [J]. 经济纵横, 2019 (1): 69 - 75.

[118] 王文. 数字经济时代下工业智能化促进了高质量就业吗 [J]. 经济学家, 2020 (4): 89 - 98.

[119] 王晓红, 李雅欣. 数字经济对经济高质量发展的影响研究: 基于2013 - 2018 年省级面板数据 [J]. 经济视角, 2021, 40 (1): 44 - 53.

[120] 王鑫鑫, 韩啸, 张洪. 制造业企业数字化转型的特征及对策: 基于上市企业年报的文本分析 [J]. 经济纵横, 2022 (9): 95 - 103.

[121] 韦谊成, 刘小瑜, 何帆. 数字化转型与公司治理水平研究: 来自 A 股主板上市公司的经验证据 [J]. 金融发展研究, 2022 (3): 18 - 25.

[122] 魏丽莉, 侯宇琦. 数字经济对中国城市绿色发展的影响作用研究 [J]. 数量经济技术经济研究, 2022, 39 (8): 60 – 79.

[123] 魏敏, 李书昊. 新时代中国经济高质量发展水平的测度研究 [J]. 数量经济技术经济研究, 2018, 35 (11): 3 – 20.

[124] 温忠麟, 叶宝娟. 有调节的中介模型检验方法: 竞争还是替补? [J]. 心理学报, 2014, 46 (5): 714 – 726.

[125] 邬彩霞, 高媛. 数字经济驱动低碳产业发展的机制与效应研究 [J]. 贵州社会科学, 2020 (11): 155 – 161.

[126] 巫瑞, 李飚, 原上伟. 数字经济对区域经济高质量发展的影响研究 [J]. 工业技术经济, 2022, 41 (1): 29 – 36.

[127] 吴非, 胡慧芷, 林慧妍, 等. 企业数字化转型与资本市场表现: 来自股票流动性的经验证据 [J]. 管理世界, 2021, 37 (7): 130 – 144, 10.

[128] 吴建祖, 肖书锋. 创新注意力转移、研发投入跳跃与企业绩效: 来自中国 A 股上市公司的经验证据 [J]. 南开管理评论, 2016, 19 (2): 182 – 192.

[129] 吴静, 张凤, 孙翊, 等. 抗疫情助推中国数字化转型: 机遇与挑战 [J]. 中国科学院院刊, 2020, 35 (3): 306 – 311.

[130] 夏炎, 王会娟, 张凤, 等. 数字经济对中国经济增长和非农就业影响研究: 基于投入占用产出模型 [J]. 中国科学院院刊, 2018 (7): 707 – 716.

[131] 肖国安, 张琳. 数字经济发展对中国区域全要素生产率的影响研究 [J]. 合肥工业大学学报 (社会科学版), 2019, 33 (5): 6 – 12.

[132] 肖旭, 戚聿东. 产业数字化转型的价值维度与理论逻辑 [J]. 改革, 2019 (8): 61 – 70.

[133] 肖远飞, 周萍萍. 数字经济、产业升级与高质量发展: 基于中介效应和面板门槛效应实证研究 [J]. 重庆理工大学学报 (社会科学),

2021, 35 (3): 68 – 80.

[134] 谢绚丽, 沈艳, 张皓星, 等. 数字金融能促进创业吗?: 来自中国的证据 [J]. 经济学 (季刊), 2018, 17 (4): 1557 – 1580.

[135] 熊广勤, 石大千. 承接产业转移示范区提高了能源效率吗? [J]. 中国人口·资源与环境, 2021, 31 (7): 27 – 36.

[136] 熊鸿儒. 中国数字经济发展中的平台垄断及其治理策略 [J]. 改革, 2019 (7): 52 – 61.

[137] 徐曼, 邓创, 刘达禹. 数字经济引领经济高质量发展: 机制机理与研究展望 [J]. 当代经济管理, 2023, 45 (2): 66 – 72.

[138] 徐梦周, 吕铁. 赋能数字经济发展的数字政府建设: 内在逻辑与创新路径 [J]. 学习与探索, 2020 (3): 78 – 85, 175.

[139] 徐维祥, 周建平, 刘程军. 数字经济发展对城市碳排放影响的空间效应 [J]. 地理研究, 2022, 41 (1): 111 – 129.

[140] 徐晓慧. 数字经济与城市经济高质量发展研究 [D]. 武汉: 中南财经政法大学, 2022.

[141] 许宪春, 任雪, 常子豪. 大数据与绿色发展 [J]. 中国工业经济, 2019 (4): 5 – 22.

[142] 许宪春, 张美慧. 中国数字经济规模测算研究 [J]. 中国工业经济, 2020 (5): 23 – 41.

[143] 许钊, 高煜, 霍治方. 数字金融的污染减排效应 [J]. 财经科学, 2021 (4): 28 – 39.

[144] 闫德利. 数字经济: 开启数字化转型之路 [M]. 北京: 中国发展出版社, 2019.

[145] 杨德明, 刘泳文. "互联网+"为什么加出了业绩 [J]. 中国工业经济, 2018 (5): 80 – 98.

[146] 杨文溥. 数字经济促进高质量发展: 生产效率提升与消费扩容 [J]. 上海财经大学学报, 2022, 24 (1): 48 – 60.

[147] 杨秀岭. 内部控制缺陷与公司绩效关系研究：来自中国 A 股上市公司的经验数据 [J]. 财会通讯, 2013 (6): 42 - 45.

[148] 杨耀武, 张平. 中国经济高质量发展的逻辑、测度与治理 [J]. 经济研究, 2021, 56 (1): 26 - 42.

[149] 姚冰湜, 马琳, 王雪莉, 等. 高管团队职能异质性对企业绩效的影响：CEO 权力的调节作用 [J]. 中国软科学, 2015 (2): 117 - 126.

[150] 易露霞, 吴非, 徐斯旸. 企业数字化转型的业绩驱动效应研究 [J]. 证券市场导报, 2021 (8): 15 - 25.

[151] 易宪容, 陈颖颖, 位玉双. 数字经济中的几个重大理论问题研究 [J]. 经济学家, 2019 (7): 23 - 31.

[152] 尹志超, 公雪, 郭沛瑶. 移动支付对创业的影响：来自中国家庭金融调查的微观证据 [J]. 中国工业经济, 2019 (3): 119 - 137.

[153] 于娟, 施文洁, 黄恒琪, 等. 基于 SWOT 分析的福建省大数据产业发展研究 [J]. 福州大学学报（哲学社会科学版）, 2018 (1): 57 - 63.

[154] 余菲菲, 曹佳玉, 杜红艳. 数字化悖论：企业数字化对创新绩效的双刃剑效应 [J]. 研究与发展管理, 2022, 34 (2): 1 - 12.

[155] 余鲲鹏, 郭东强, 郭建宏. "互联网＋" 背景下信息化 3.0 的建设机制思考：以 "数字福建" 建设为例 [J]. 长春大学学报, 2017, 27 (5): 1 - 5.

[156] 余鲲鹏. 基于三方博弈的 "数字福建" 项目建设机制设计 [J]. 东华理工大学学报（社会科学版）, 2020, 39 (5): 424 - 429.

[157] 余文涛, 吴士炜. 互联网平台经济与正在缓解的市场扭曲 [J]. 财贸经济, 2020, 41 (5): 146 - 160.

[158] 袁淳, 肖土盛, 耿春晓, 等. 数字化转型与企业分工：专业化还是纵向一体化 [J]. 中国工业经济, 2021 (9): 137 - 155.

[159] 袁富华,张平,刘霞辉,等.增长跨越:经济结构服务化、知识过程和效率模式重塑 [J].经济研究,2016,51(10):12-26.

[160] 袁野,李林汉.数字经济、技术创新与经济高质量发展的耦合协调效应研究 [J].工业技术经济,2023,42(1):45-54.

[161] 岳婧婧.智力资本对制造业企业绩效的影响研究 [D].长春:吉林大学,2022.

[162] 张伯超,沈开艳."一带一路"沿线国家数字经济发展就绪度定量评估与特征分析 [J].上海经济研究,2018(1):94-103.

[163] 张英浩,汪明峰,刘婷婷.数字经济对中国经济高质量发展的空间效应与影响路径 [J].地理研究,2022,41(7):1826-1844.

[164] 张鸿,刘中,王舒萱.数字经济背景下我国经济高质量发展路径探析 [J].商业经济研究,2019(23):183-186.

[165] 张军扩,侯永志,刘培林,等.高质量发展的目标要求和战略路径 [J].管理世界,2019(7):1-7.

[166] 张梁,相广平,马永凡.数字金融对区域创新差距的影响机理分析 [J].改革,2021(5):88-101.

[167] 张辽,王俊杰.信息化密度、信息技术能力与制造业全球价值链攀升 [J].国际贸易问题,2020(6):111-126.

[168] 张鹏.数字经济的本质及其发展逻辑 [J].经济学家,2019(2):25-33.

[169] 张三峰,魏下海.信息与通信技术是否降低了企业能源消耗:来自中国制造业企业调查数据的证据 [J].中国工业经济,2019(2):155-173.

[170] 张树山,胡化广,孙磊,等.智能制造如何影响企业绩效?:基于"智能制造试点示范专项行动"的准自然实验 [J].科学学与科学技术管理,2021,42(11):120-136.

[171] 张腾,蒋伏心,韦朕韬.数字经济能否成为促进中国经济高质量发

展的新动能？［J］．经济问题探索，2021（1）：25-39．

［172］张夏恒．中小企业数字化转型障碍、驱动因素及路径依赖：基于对377家第三产业中小企业的调查［J］．中国流通经济，2020，34（12）：72-82．

［173］张兴祥，陈夏妍，兰鹏．习近平关于"数字福建"的重要论述、实践探索及创新发展：从"数字福建"到"数字浙江"再到"数字中国"［J］．中国经济问题，2024（4）：1-15．

［174］张勋，万广华，张佳佳，等．数字经济、普惠金融与包容性增长［J］．经济研究，2019，54（8）：71-86．

［175］张永珅，李小波，邢铭强．企业数字化转型与审计定价［J］．审计研究，2021（3）：62-71．

［176］张于喆．数字经济驱动产业结构向中高端迈进的发展思路与主要任务［J］．经济纵横，2018（9）：85-91．

［177］张蕴萍，董超，栾菁．数字经济推动经济高质量发展的作用机制研究：基于省级面板数据的证据［J］．济南大学学报（社会科学版），2021，31（5）：99-115，175．

［178］赵宸宇，王文春，李雪松．数字化转型如何影响企业全要素生产率［J］．财贸经济，2021，42（7）：114-129．

［179］赵放，李文婷．数字经济赋能经济高质量发展：基于市场和政府的双重视角［J］．山西大学学报（哲学社会科学版），2022，45（5）：41-50．

［180］赵涛，张智，梁上坤．数字经济、创业活跃度与高质量发展：来自中国城市的经验证据［J］．管理世界，2020，36（10）：65-76．

［181］赵晓鸽，钟世虎，郭晓欣．数字普惠金融发展、金融错配缓解与企业创新［J］．科研管理，2021，42（4）：158-169．

［182］赵云辉，张哲，冯泰文，等．大数据发展、制度环境与政府治理效率［J］．管理世界，2019（11）：119-132．

［183］郑雅心. 数字普惠金融是否可以提高区域创新产出？［J］. 经济问题，2020（10）：53 – 61.

［184］郑元景，程泽生."数字福建"建设的制约因素与路径优化［J］. 福建工程学院学报，2021，19（2）：120 – 125.

［185］周卫华，刘一霖. 管理者能力、企业数字化与内部控制质量［J］. 经济与管理研究，2022，43（5）：110 – 127.

［186］周晓辉，刘莹莹，彭留英. 数字经济发展与绿色全要素生产率提高［J］. 上海经济研究，2021（12）：51 – 63.

［187］左鹏飞，陈静. 高质量发展视角下的数字经济与经济增长［J］. 财经问题研究，2021（9）：19 – 27.

［188］左鹏飞，姜奇平，陈静. 互联网发展、城镇化与中国产业结构转型升级［J］. 数量经济技术经济研究，2020（7）：71 – 91.

二、外文部分

［1］Barefoot K，Curtis D，Jolliff W A，et al. Research Spotlight Measuring the Digital Economy［J］. Survey of Current Business，2019（5）：1 – 13.

［2］Bastida L，Cohen J J，A Kollmann A，et al. Exploring the Role of ICT on Household Behavioural Energy Efficiency to Mitigate Global Warming［J］. Renewable and Sustainable Energy Reviews，2019，103（4）：455 – 462.

［3］Béchir B L，Lotfi T，Younes B Z，et al. Does ICT Change the Relationship between Total Factor Productivity and CO_2 Emissions？Evidence Based on a Nonlinear Model［J］. Energy Economics，2021，101（3）：10 – 15.

［4］Bertani F，Ponta L，Raberto M，et al. The Complexity of the Intangible Digital Economy：An Agent-based Model［J］. Journal of Business Research，2021，129（5）：527 – 540.

［5］Calvano E，Polo M. Market Power，Competition and Innovation in Digital Markets：A Survey［J］. Information Economics and Policy，2021，54（3）：1 – 18.

[6] Chen Y M. Improving Market Performance in the Digital Economy [J]. China Economic Review, 2020, 62 (8): 1 – 8.

[7] Chihiro W, Kashif N, Yuji T, et al. Measuring GDP in the Digital Economy: Increasing Dependence on Uncaptured GDP [J]. Technological Forecasting & Social Change, 2018, 137 (12): 226 – 240.

[8] Dahlman C J, Mealy S, Wermelinger M. Harnessing the Digital Economy for Developing Countries [J]. Economics, Computer Science, 2016, 334 (6): 2 – 80.

[9] De Mel S, McKenzie D, Woodruff C. Returns to Capital in Microenterprises: Evidence from a Field Experiment [J]. The Quarterly Journal of Economics, 2008, 123 (4): 1329 – 1372.

[10] Dickinson V. Cash Flow Patterns as a Proxy for Firm Life Cycle [J]. Accounting Review, 2011, 86 (6): 1969 – 1994.

[11] Faisal F, Tursoy T, Berk N. Linear and Non-linear Impact of Internet Usage and Financial Deepening on Electricity Consumption for Turkey: Empirical Evidence from Asymmetric Causality [J]. Environmental Science and Pollution Research, 2018, 25 (12): 11536 – 11555.

[12] Fitzgerald M, Kruschwitz N, Bonnet D, et al. Embracing Digital Technology: A New Strategic Imperative [J]. MIT Sloan Management Review, 2014, 55 (2): 1 – 12.

[13] Gillani F, Chatham K A, Jaja M S, et al. Implementation of Digital Manufacturing Technologies: Antecedents and Consequences [J]. International Journal of Production Economics, 2020, 229 (11): 1 – 21.

[14] Goldfarb A, Tucker C. Digital Economics [J]. Journal of Economic Literature, 2019, 57 (1): 3 – 43.

[15] Han B T, Wang D, Ding W N, et al. Effect of Information and Communication Technology on Energy Consumption in China [J]. Nat Hazards,

2016, 84 (2): 297 -315.

[16] Higón D A, Gholami R, F Shirazi. ICT and Environmental Sustainability: A Global Perspective [J]. Telematics and Informatics, 2017, 34 (4): 85 -95.

[17] Howitt P, Philippe A. Capital Accumulation and Innovation as Complementary Factors in Long-Run Growth [J]. Journal of Economic Growth, 1998 (3): 111 -130.

[18] Iqbal J, Khan M, Talha M, et al. A Generic Internet of Things Architecture for Controlling Electrical Energy Consumption in Smart Homes [J]. Sustain. Cities Soc, 2018, 43 (11): 443 -450.

[19] Ishida H. The Effect of ICT Development on Economic Growth and Energy Consumption in Japan [J]. Telematics and Informatics, 2015, 32 (1): 79 -88.

[20] Lange S, Santarius T, Pohll J. Digitalization and Energy Consumption. Does ICT Reduce Energy Demand? [J]. Ecological Economics, 2020, 176 (10): 1 -14.

[21] Li J, Wu Y, Xiao J J. The Impact of Digital Finance on Household Consumption: Evidence from China [J]. Economic Modelling, 2020, 86 (3): 317 -326.

[22] Li L, Su F, Zhang W, et al. Digital Transformation by SME Entrepreneurs: A Capability Perspective [J]. Information Systems Journal, 2018, 28 (6): 1129 -1157.

[23] Li M, Jia S. Resource Orchestration for Innovation: The Dual Role of Information Technology [J]. Technology Analysis & Strategic Management, 2018, 30 (10): 1136 -1147.

[24] Massah S E, Mohieldin M. Digital Transformation and Localizing the Sustainable Development Goals [J]. Ecological Economics, 2020, 169 (3):

1 – 10.

[25] Mlachila M, Tapsoba R, Tapsoba S. A Quality of Growth Index for Developing Countries: A Proposal [J]. Springer Netherlands, 2017, 134 (2): 675 – 750.

[26] Moeuf A, Pellerin R, Lamouri S, et al. The Industrial Management of SMEs in the Era of Industry 4. 0 [J]. International Journal of Production Research, 2018, 56 (3): 1118 – 1136.

[27] Moulton B R. GDP and the Digital Economy: Keeping Up with the Changes [J]. Understanding the Digital Economy Data, 1999, 4 (5): 34 – 48.

[28] Moyer J D, Hughes B B. ICTs: Do They Contribute to Increased Carbon Emissions [J]. Technological Forecasting and Social Change, 2012, 79 (5): 919 – 931.

[29] Mun J, Yun E, Choi H. A Study of Linkage Effects and Environmental Impacts on Information and Communications Technology Industry between Republic of Korea and USA: 2006 – 2015 [J]. Processes, 2021, 9 (6): 2 – 16.

[30] Myovella G, Karacuka M, Haucap J. Digitalization and Economic Growth: A Comparative Analysis of Sub-Saharan Africa and OECD economies [J]. Telecommunications Policy, 2020, 44 (2): 1 – 12.

[31] Nadkarni S, Prügl R. Digital Transformation: A Review, Synthesis and Opportunities for Future Research [J]. Management Review Quarterly, 2021, 71 (2): 233 – 341.

[32] Niebel T. ICT and Economic Growth-Comparing Developing, Emerging and Developed Countries [J]. World Development, 2018, 104 (4): 197 – 211.

[33] OECD. Measuring the Digital Economy: A New Perspective [J]. OECD Publishing, 2014 (1): 45 – 49.

[34] Ollo-López A, Aramendía-Muneta M E. ICT Impact on Competitiveness, Innovation and Environment [J]. Telematics and Informatics, 2012, 29 (2): 204 – 210.

[35] Ren S Y, Hao Y, Xu L, et al. Digitalization and Energy: How Does Internet Development Affect China's Energy Consumption? [J]. Energy Economics, 2021, 98 (7): 1 – 20.

[36] Salahuddin M, Alam K. Information and Communication Technology, Electricity Consumption and Economic Growth in OECD Countries: A Panel Data Analysis [J]. Electrical Power and Energy Systems, 2016, 76 (3): 185 – 193.

[37] Schulte P, Welsch H, Rexhauser S. ICT and the Demand for Energy: Evidence from OECD Countries [J]. Environmental and Resource Economics, 2016, 63 (1): 119 – 146.

[38] Song A K. The Digital Entrepreneurial Ecosystem: A Critique and Reconfiguration [J]. Small Business Economics, 2019, 53 (3): 569 – 590.

[39] Spender J C. Making Knowledge the Basis of a Dynamic Theory of the Firm [J]. Strategic Management Journal, 1996, 17 (3): 45 – 62.

[40] Sutherland E. Trends in Regulating the Global Digital Economy [J]. Social Science Electronic Publishing, 2018 (7): 1 – 30.

[41] Thompson P, Williams R, Thomas B. Are UK SMEs with Active Web Sites More Likely to Achieve both Innovation and Growth? [J]. Journal of Small Business & Enterprise Development, 2014, 20 (4): 934 – 965.

[42] Tranos E, Kitsos T, Ortega Argiles R. Digital Economy in the UK: Regional Productivity Effects of Early Adoption [J]. Regional Studies, 2020 (11): 1 – 15.

[43] Usman A, Ozturk I, H Aliet, et al. The Effect of ICT on Energy Consumption and Economic Growth in South Asian Economies: An Empirical

Analysis [J]. Telematics and Informatics, 2021b, 58 (5): 1 – 9.

[44] Usman A, Ozturk I, Ullah S, et al. Does ICT Have Symmetric or Asymmetric Effects on CO_2 Emissions? Evidence from Selected Asian Economies [J]. Technology in Society, 2021a, 67 (11): 1 – 9.

[45] Vial G. Understanding Digital Transformation: A Review and a Research Agenda [J]. Journal of Strategic Information Systems, 2019, 28 (2): 118 – 144.

[46] Volkova A A, Plotnikov V A, Rukinov M V. Digital Economy: Essence of the Phenomenon, Problem and Risks of Formation and Development [J]. Administrative Consulting, 2019 (4): 38 – 49.

[47] Wallis P, Colson J, Chilosi D. Structural Change and Economic Growth in the British Economy before the Industrial Revolution, 1500 – 1800 [J]. The Journal of Economic History, 2018, 78 (3): 862 – 903.

[48] Yan Z M, Shi R, Yang Z M. ICT Development and Sustainable Energy Consumption: A Perspective of Energy Productivity [J]. Sustainability, 2018, 10 (7): 2 – 15.

[49] Zhou X Y, Zhou D Q, Wang Q W. How Does Information and Communication Technology Affect China's Energy Intensity? A Three-tier Structural Decomposition Analysis [J]. Energy, 2018, 151 (5): 748 – 759.